ライブラリ 論点で学ぶ会計学❶

論点で学ぶ
財務会計

川村 義則 著

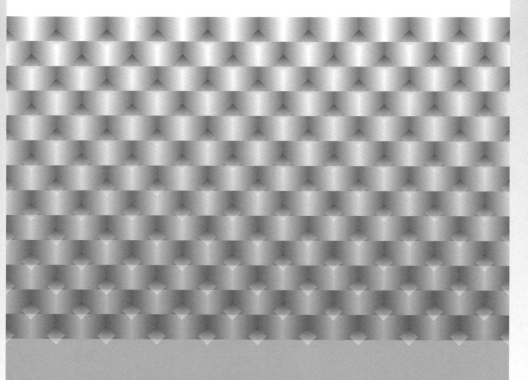

新世社

—— 醍醐　聰・上總康行 編集 ——
ライブラリ 論点で学ぶ会計学　刊行にあたって

　「会計」とは，金額を一定の規則に沿って計算して，記録・報告する技法であり，そこでは常にただ一つの正解が存在しているように初学者は思い込みがちです。

　しかし現実の会計の世界は，そのように単純で平板なものではありません。とくに会計基準の国際化が進行する現在は，正しい答は一つではなく見方が違うと別の答があるという状況にあります。そのような「答が一つでない」ということが，今日，会計学を学ぶうえで重要性を増しているように思われます。こうした見解がわかれる論点を学び，会計上の問題を考える際の複眼的で自立的な見方を身に付けることが，これからの会計学履習者やビジネスパーソンにとって必須となっているのではないでしょうか。

　会計学を学ぶ新たな試みとして，こうした「論点で学ぶ」というアプローチを採り入れたのが，本

　　　ライブラリ 論点で学ぶ会計学

です。会計学各領域において，基本的な解説とともにそこにおける論点・争点や規定と実務との乖離などを紹介・解説して，読者に主体的に問題を考える題材を提供し，それをもとに概念・制度についての基礎的な理解を助け，実践にかかせない応用力を養成することを目指します。

　本ライブラリは，以下のような書目構成からなっています。

1．論点で学ぶ財務会計
2．論点で学ぶ国際財務報告基準（ＩＦＲＳ）
3．論点で学ぶ管理会計
4．論点で学ぶ原価計算
5．論点で学ぶ監査論

本ライブラリ各巻が，会計学を学習する大学生・大学院生，また実務に携わる方々にとって，斯学の進展を捉え，理解を深めるための書として広く受けいれられることを願っています。

編者

はしがき

　本書は，ライブラリ「論点で学ぶ会計学」における財務会計編である。

　本書は，財務会計を取り扱う類書とは大きく異なる構成を採用している。一般的に財務会計の教科書では，学習内容を順序立てて構成した単元ごとに章節を設け，会計処理の手順に従って説明を加えている。これに対して，本書は，財務会計における主要論点を柱に据えて，その論点を中心に関連する問題を横断的に取り上げている。

　したがって，本書の想定する読者は，財務会計の初学者というよりも，2冊目，3冊目の教科書を読もうとする学習者である。内容も決して易しくはないが，学部で会計学を志す学生にとっては，一通りの財務会計の講義を履修し，さらにゼミナールなどで研究を深めるに際して，「答が一つでない」問題について学んで考える材料がふんだんに盛り込まれている。本書は，ディスカッションや論文執筆に際して，財務会計の論点を知り，自ら研究する契機となるであろう。また，公認会計士試験，税理士試験，日商簿記検定試験等の各種試験を受験しようとする学習者にとっては，単元別に整理した知識を論点別に整理し直し，自らの知識の立体化を図る手段となるであろう。

　本書の取り扱う内容は中級から上級のレベルに属するものではあるが，文体はできるだけ読みやすいものとなるように心掛けた。「難しいことを易しく説明する」ことに成功しているとすれば，幸甚である。

　本書は，もともとは早稲田大学大学院会計研究科における授業用の教材として執筆されたものである。授業の内容は，多くの学生諸君から概ね好評を得ていると自負するが，彼らから日常的に様々な質問などのフィードバックを得ており，それらが本書の出版に漕ぎつけた大きなモチベーションとなった。

i

なお，本書の執筆および校正に当たっては，國學院大學経済学部准教授
中田有祐氏から多大な協力を得た。

　最後に，本書の企画から編集・校正・出版に至るまで，株式会社新世社の
御園生晴彦氏には格別のご高配を頂戴した。記して感謝申し上げる次第であ
る。

　　2019 年 5 月

　　　　　　　　　　　　　　　　　　　　　　　　　　川村　義則

目　次

第1章　財務報告の目的

- 本章の論点 ……………………………………………………… 1
1.1　社会的制度としての財務報告 ………………………………… 1
1.2　意思決定有用性 ………………………………………………… 3
1.3　受託責任と利害調整 …………………………………………… 7
　（1）受託責任　（7）
　（2）利害調整　（8）
1.4　財務報告におけるトレードオフ問題 ………………………… 10
1.5　真実性の原則と「真実かつ公正な概観」 …………………… 12
　（1）真実性の原則　（12）
　（2）真実かつ公正な概観　（13）
1.6　一般に公正妥当と認められる企業会計の基準 ……………… 13
　（1）金融商品取引法上の取扱い　（14）
　（2）会社法上の取扱い　（15）
　（3）指定国際会計基準の任意適用　（15）
　（4）複数の会計基準による連結財務諸表　（17）
- 章末問題 ………………………………………………………… 18

第2章　発生主義会計

- 本章の論点 ……………………………………………………… 20
2.1　静態論と動態論 ………………………………………………… 21
2.2　現金主義会計と発生主義会計 ………………………………… 22
2.3　配当・キャッシュフロー・利益 ……………………………… 24

iii

2.4 収入・支出と収益・費用 ································· 29

- (1) 見越し・繰延べ （29）
- (2) 経過勘定項目 （32）
- (3) 実現主義および費用収益対応の原則による限定 （33）
- (4) 繰延資産と引当金 （36）
- **章末問題** ································· 38

第3章 資本と利益

- **本章の論点** ································· 40

3.1 ストックとフロー ································· 41

- (1) ストックとフローの関係 （41）
- (2) 資本と利益の関係 （41）
- (3) 財政状態と経営成績 （42）

3.2 財務諸表の体系 ································· 44

- (1) 貸借対照表と損益計算書の関係 （44）
- (2) キャッシュ・フロー計算書の導入 （45）
- (3) 株主資本等変動計算書の導入 （47）
- (4) 包括利益計算書の導入 （48）

3.3 資本維持論 ································· 51

- (1) 名目資本維持論・実質資本維持論・実体資本維持論 （51）
- (2) 名目資本維持論における実体資本維持 （53）

3.4 資本と利益の区別 ································· 55

- (1) 区別の意義 （55）
- (2) 株主資本の内訳 （59）
- (3) 出資者の範囲 （64）

3.5 利益の持続性 ································· 69

- (1) ビジネスモデルと利益の持続性 （69）
- (2) 当期業績主義と包括主義 （70）

（3）　特別損益区分　（71）

（4）　会計上の変更　（72）

3.6　クリーン・サープラス関係 ……………………………………… 73

（1）　2組のクリーン・サープラス関係　（73）

（2）　その他の包括利益　（75）

（3）　組替調整（リサイクリング）　（77）

・章 末 問 題 ………………………………………………………… 80

第4章　収益認識と実現主義

・本章の論点 ………………………………………………………… 82

4.1　収益の意義と分類 ………………………………………………… 83

4.2　総 額 主 義 …………………………………………………………… 84

4.3　実 現 主 義 …………………………………………………………… 85

（1）　実現主義の意義　（85）

（2）　発送基準と検収基準　（85）

（3）　返品調整引当金　（86）

4.4　工事進行基準 ……………………………………………………… 87

4.5　リース取引の貸手 ………………………………………………… 89

4.6　時 価 会 計 …………………………………………………………… 91

4.7　収益認識に関する会計基準 ……………………………………… 93

（1）　IFRS 15　（93）

（2）　企業会計基準第29号　（96）

（3）　複数要素契約　（97）

（4）　原価回収基準　（98）

・章 末 問 題 ………………………………………………………… 99

第5章　配分と評価

・本章の論点 ………………………………………………………… 101

5.1 会計的認識としての配分と評価 ……………………… 102

  (1) 非連続的な認識 （102）

  (2) 評価と配分 （105）

5.2 減 価 償 却 ……………………………………………… 109

  (1) 正規の減価償却 （109）

  (2) ソフトウェアの償却 （112）

5.3 取得原価の決定 ………………………………………… 113

  (1) 購入による場合 （113）

  (2) 自家建設による場合 （114）

5.4 収益的支出と資本的支出 ……………………………… 114

5.5 棚卸資産と費用配分 …………………………………… 115

  (1) 数量計算と単価計算 （115）

  (2) 棚卸資産の取得原価 （118）

5.6 割引計算 —— 金利の期間配分 …………………… 118

  (1) 2 種類の割引計算 （118）

  (2) 金融商品会計における利息法 （119）

  (3) リース会計 （120）

  (4) 資産除去債務 （121）

  (5) 退職給付会計 （121）

5.7 配分の修正 ……………………………………………… 123

  (1) 配分の修正方法 （123）

  (2) 減価償却の修正 （124）

  (3) キャッシュフロー見積法による債権の減損処理 （125）

5.8 減 損 ………………………………………………… 126

  (1) 固定資産の減損 （126）

  (2) 棚卸資産の減損 （129）

  (3) 有価証券の減損 （129）

  (4) 資産の剥奪価値 （130）

5.9 公正価値会計 ……………………………………………………………… 131

　(1)　公正価値会計の根拠 （131）

　(2)　会計基準における公正価値会計 （133）

　(3)　公正価値オプション （135）

　● 章 末 問 題 ……………………………………………………………… 136

第6章　資産負債アプローチ

　● 本章の論点 ………………………………………………………………… 138

6.1　連繋観と非連繋観 ……………………………………………………… 138

6.2　収益費用アプローチと資産負債アプローチ ……………… 140

6.3　資産および負債の定義 ………………………………………………… 141

　(1)　資産負債アプローチの適用 （141）

　(2)　資産の定義とその適用例 （142）

　(3)　負債性が問題となる項目 （149）

6.4　認識と認識終了 ………………………………………………………… 156

　(1)　金融資産および金融負債の定義と認識 （156）

　(2)　金融資産および金融負債の定義と認識終了 （157）

　● 章 末 問 題 ……………………………………………………………… 158

第7章　会計主体論

　● 本章の論点 ………………………………………………………………… 160

7.1　会計主体論 ………………………………………………………………… 161

　(1)　資本主説と企業主体説 （161）

　(2)　報 告 主 体 （162）

7.2　負債と資本の区分 ……………………………………………………… 163

　(1)　問題の所在 （163）

　(2)　区分の目的 （164）

　(3)　純資産概念の導入 （165）

目　次　　vii

（4）　企業会計基準第 22 号の改正　（167）

7.3　子会社の範囲 ……………………………………………………… 168

（1）　会計基準改訂の背景　（168）

（2）　子会社の範囲　（168）

（3）　特別目的会社　（169）

（4）　ベンチャーキャピタル　（170）

7.4　連結主体論 ………………………………………………………… 171

7.5　持　分　法 ………………………………………………………… 174

（1）　持分法の意義　（174）

（2）　関連会社の定義　（175）

（3）　持分法と連結の差異　（176）

7.6　企　業　結　合 …………………………………………………… 178

（1）　取得と持分の結合　（178）

（2）　取得企業の決定　（180）

（3）　取得の会計処理　（181）

（4）　共通支配下の取引　（183）

7.7　事　業　分　離 …………………………………………………… 183

（1）　投資の継続と清算　（183）

（2）　分離元企業の会計処理　（184）

7.8　結合当事企業の株主に係る会計処理 …………………………… 187

（1）　被結合企業の株主に係る会計処理　（187）

（2）　結合企業の株主に係る会計処理　（188）

• 章　末　問　題 ……………………………………………………… 189

第 8 章　ビジネスモデル

• 本章の論点 …………………………………………………………… 191

8.1　ビジネスモデルと財務諸表 ……………………………………… 191

（1）　会計は 1 つか　（191）

(2) ビジネスモデルの相違と会計 （194）

8.2 ビジネスモデルの会計的表現 …………………………………… 196

(1) 損益計算書の様式 （196）

(2) 廃 止 事 業 （197）

8.3 事業活動と財務活動 ………………………………………………… 197

(1) 財務諸表表示プロジェクト （197）

(2) 適用例 ― リース取引（借手） （198）

(3) 適用例 ― 財務費用の表示 （199）

(4) 適用例 ― 金融資産の譲渡 （200）

• 章 末 問 題 ……………………………………………………… 200

索　引 ……………………………………………………………………… 203

第1章

財務報告の目的

本章の論点

論点 1.1：財務報告の目的は，利用者の意思決定のために有用な情報を提供することである。さらに，財務報告の目的に，経営者による受託責任の遂行状況を評価することも含まれるか否かについては，議論がある。

論点 1.2：会計基準の設定は，様々な利害関係者間の利害に影響を及ぼす。会計基準の設定がこのような利害関係者の利害に中立であるべきかについては，議論がある。

論点 1.3：金融商品取引法上，財務諸表は，「一般に公正妥当と認められる企業会計の基準」に従って作成されなければならない。

論点 1.4：金融商品取引法上，一定の要件を満たす「指定国際会計基準特定会社」は，「指定国際会計基準」によって連結財務諸表を作成することができる。

1.1 社会的制度としての財務報告

財務報告（financial reporting）とは，財務情報の作成者がその利用者に対して，財務情報を提供することをいう。財務報告では，通常，一定の形式を備えた定型的な手段によって財務情報の提供が行われるが，そうした手段の

最も中心的なものが**財務諸表**（financial statements）である。したがって，財務報告によって提供される情報の範囲は，財務諸表によってのみ提供される情報の範囲よりも広範である。

　財務報告は，様々な主体[1] によって行われるが，今日最も一般的でかつ重要な財務報告の主体（**報告主体**（reporting entity）という）は，**企業**（business enterprises）である。企業は，営利活動を継続的に行う主体であり，株主や債権者などの**資金提供者**（capital providers）から資金調達を行っている。通常，これらの資金提供者は，企業が有する企業活動に関する情報を欲しているが，このような情報に対して彼らがアクセスできる程度には限界がある。このため，企業に対して，資金提供者へ企業活動に関する情報を提供することを確保するための仕組みが必要とされている。このような仕組みは，通常，法令に基づいて運営されていることから，財務報告は，基本的には法的な制度として存在している（このため，財務報告制度または企業会計制度などとよばれる）。さらに財務報告が，法的な枠組みを超えて，またその他の報告[2] とも結びついて，社会の様々な局面において利用されていることを考えると，財務報告は社会的制度として存在しているものといえる。

　<u>情報の非対称性</u>　　企業と資金提供者との間において，一般に，**情報の非対称性**が存在しているといわれている。情報劣位にある資金提供者は，不十分な情報のもとでは企業が発行する株式等の金融商品の売買にはリスクが伴うため，情報の非対称性から自らを保護するために当該株式等の価格を割り引いて評価する。このことは，企業の側からすれば，情報

1　例えば，企業の他にも，個人または家族，公益法人，学校法人その他の非営利組織体，並びに国，地方公共団体等の公的主体が会計を行う主体として考えられる。およそ経済活動を営む経済主体であれば，あらゆる主体が会計を行う主体となりうる。財務報告は，通常，会計を行う主体が当該主体とは別の利用者に対して財務情報を提供することであるから，会計を行う主体のうち，外部に利用者（利害関係者）を有する主体が想定される。

2　例えば，環境（environment），社会的責任（social responsibility），および企業統治（governance）に関する報告がある。これらの頭文字をとって，ESG 報告などという。また，財務報告の他にも，非財務情報を対象とする非財務報告もある。さらに，これらの報告制度を統合した，統合報告（integrated reporting）という領域もある。

2　　第1章　財務報告の目的

の非対称性が存在する環境下では，資金調達コストが高くなることを意味する。企業（の経営者）は，このような情報の非対称性を緩和して，資金調達コストを低減するために，自発的に企業に関する情報を提供するインセンティブを有するといわれている。

　このような考え方からすると，財務報告の役割は，企業（の経営者）が有する情報提供のインセンティブを活用して，彼らの情報提供を促進するとともに，虚偽の報告を行うリスクを低減させながら一定水準の情報提供を行うことにあるということになる。

　財務報告の利用者は，第一義的には，企業に対して資金を提供する資金提供者である。その代表的な存在は株主および債権者であり，その範囲には現在すでに資金を提供している者の他にも将来の潜在的な資金提供者も含まれる。さらに，企業に対して労働用役を提供する従業員，原材料や商品等を納入する仕入先，企業から商・製品を購入する得意先（顧客），税金を収受して公的サービスを提供する国・地方公共団体等もまた，企業の利害関係者であり，企業が行う財務報告の利用者である。

1.2　意思決定有用性

　一般に，財務報告の目的は，利用者の意思決定のために有用な情報を提供することであるといわれている。財務報告の中心をなすものは財務諸表であるが，財務諸表以外の手段で情報を提供する行為も含まれている。財務報告によって提供される情報は，**財務情報**（または**会計情報**）とよばれている。このような財務報告の目的は，**意思決定有用性**（decision usefulness）目的（または単に意思決定目的）とよばれている。また，財務報告は，意思決定有用性目的を遂行するとき，**情報提供機能**または**意思決定支援機能**を果たすともいわれている。

1.2　意思決定有用性　**3**

概念フレームワーク　　　1970～80 年代にかけて，米国の財務会計基準審議会（Financial Accounting Standards Board；FASB）によって会計基準の設定のための準拠枠である**概念フレームワーク**（conceptual framework）が整備された。すなわち，財務会計概念書（Statements of Financial Accounting Concepts；SFAC）第 1 号「営利企業による財務報告の目的」（*Objectives of Financial Reporting by Business Enterprises*），第 2 号「会計情報の質的特性」（*Qualitative Characteristics of Accounting Information*），第 4 号「非営利組織体による財務報告の目的」（*Objectives of Financial Reporting by Nonbusiness Organizations*），第 5 号「営利企業の財務諸表における認識と測定」（*Recognition and Measurement in Financial Statements of Business Enterprises*）および第 6 号「財務諸表の構成要素」（*Elements of Financial Statements*）の一連の文書である（なお，第 3 号「営利企業の財務諸表の構成要素」は，第 6 号の公表により置き換えられた）。その後，FASB は，2000 年に，第 7 号「会計測定におけるキャッシュフロー情報および現在価値の利用」（*Using Cash Flow Information and Present Value in Accounting Measurements*）を公表し，概念フレームワークの体系が補完された。さらに 2010 年には，国際会計基準審議会（International Accounting Standards Board；IASB）との共同作業によって従前の第 1 号と第 2 号を改訂した，第 8 号「財務報告の概念フレームワーク——第 1 章「一般目的財務報告の目的」および第 3 章「有用な財務情報の質的特性」」（*Conceptual Framework for Financial Reporting—Chapter 1, The Objective of General Purpose Financial Reporting, and Chapter 3, Qualitative Characteristics of Useful Financial Information*）を公表している。2018 年には，第 8 号の第 8 章「財務諸表に対する注記」（*Chapter 8, Notes to Financial Statements*）を公表している。

　IASB は，前身の国際会計基準委員会（International Accounting Standards Committee；IASC）の時代の 1989 年に，「財務諸表の作成

表示に関するフレームワーク」(*Framework for the Preparation and Presentation of Financial Statements*) を公表している。2010 年に，IASB は，上述の FASB との共同作業の成果として，FASB のものと実質的に同一の「財務報告のための概念フレームワーク」(*Conceptual Framework for Financial Reporting*) を公表している。この時点では，財務報告の目的と会計情報の質的特性に関する章のみが取り上げられていた。

その後，IASB は，2012 年より，残された問題について検討を再開し，2010 年に公表した部分についても再検討を行い，2018 年に改めて「財務報告のための概念フレームワーク」(*Conceptual Framework for Financial Reporting*) を公表している。この文書では，一般目的財務報告の目的，有用な財務情報の質的特性，財務諸表および報告主体，財務諸表の構成要素，認識および認識終了，測定，表示および開示，並びに資本および資本維持の概念が包括的に取り上げられている。IASB によると，概念フレームワークを設定する目的は，IASB 自身が基準を開発するために，財務諸表作成者が首尾一貫した会計方針を策定するために，さらにすべての関係者が基準を理解・解釈するために，役立つこととされる。

わが国においても，概念フレームワークを構築する作業は，**企業会計基準委員会** (Accounting Standards Board of Japan；ASBJ) によって 2000 年代に行われ，「討議資料　財務会計の概念フレームワーク」(2006 年) が公表されている。

今日の概念フレームワークにおいても，濃淡の差はあれ，財務報告の目的は，利用者の意思決定に役立つ有用な情報を提供することにあることが明らかにされている。IASB と FASB の概念フレームワークでは，「一般目的財務報告 (general purpose financial reporting) の目的は，現在および潜在的な投資者，与信者その他の債権者が当該主体に対する資源の提供に関する意思決定を行ううえで有用な，報告主体に関する財務情報を提供することにあ

る。」[3] と述べている。

　ASBJ の「討議資料」においては，前述した投資家と経営者との間の情報の非対称性を緩和するため，「経営者による私的情報の開示を促進するのがディスクロージャー制度の存在意義である」（第1章第1項）としたうえで，「財務報告の目的は，投資家の意思決定に資するディスクロージャー制度の一環として，投資のポジションとその成果を測定して開示することである。」（第2項）と述べている。そこでは，意思決定に資する情報として，投資の成果を示す利益（フロー）の情報とそれを生み出す資産および負債（ストック）の情報を重視している（第3項）ことが鮮明とされている。

　情報の**有用性**（usefulness）は，一般に，**目的適合性**（relevance；「関連性」とも訳される）と**信頼性**（reliability）という2つの質的特性によって支持される（図表1）。目的適合性は，利用者の意思決定を改善することができるという情報の能力である。また，信頼性とは，財務報告が表現する対象を忠実に表現する度合いである[4]。財務情報は，目的適合性と信頼性の両方を備えることによって，有用性を備えているということができる。目的適合性を備えた情報でも，信頼性が十分に備わっていなければ，有用性を備えているとはいえない。逆に信頼性を備えた情報でも，目的適合性がほとんどないのでは，やはり有用性を備えているとはいえない。

　目的適合性と信頼性は，しばしば，トレードオフの関係にある。例えば，評価の困難な資産または負債の時価について考えると，それが利用者の意思決定にとって目的適合性を有するとしても，信頼性をもって入手できないような場合は，その時価に有用性が備わっているとはいえない。多くの場合，財務報告では，様々な代替的な会計処理の中から最も有用な情報が提供されるような選択が行われている[5] が，目的適合性と信頼性のバランスを探りつ

3　IASB, *Conceptual Framework for Financial Reporting*, 2018, par. 1.2.
4　2010 年に公表された IASB および FASB の概念フレームワークでは，信頼性は，「表現の忠実性（faithful representation）」に置き換えられている（IASB, *Conceptual Framework for Financial Reporting*, 2010, pars. QC5 and QC12–QC16）。2018 年に公表された IASB の概念フレームワークでも，同様の立場が引き継がれている。

6　第1章　財務報告の目的

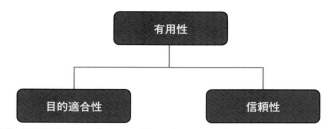

出典：FASB, Concepts Statement No. 2, *Qualitative Characteristics of Accounting Information*, 1980, Figure 1 の一部。

図表1　情報の有用性を支える質的特性

つ，全体として最善な選択が行われるような努力が続けられている。

1.3　受託責任と利害調整

　財務報告の目的が利用者の意思決定に有用な情報を提供することにあるということについては，一般的な合意がある。しかしながら，財務報告の目的は，意思決定有用性だけに限られないということもまた一般に理解されている。代替的な目的として指摘されるのが受託責任や利害調整といった目的である。

(1) 受 託 責 任

　古来，経済社会において財産の委託・受託の関係が存在するときに，財産の受託者（steward）が（多くの場合，委託者から対価を得るが，その見返りに）財産の管理・保全・運用を誠実に行ったか否かについての顛末を財産の委託者に対して説明する義務（**受託責任**；stewardship）[6]を負うと考えら

5　そのような選択は，会計基準の設定主体が行っているような社会的・マクロ的な選択である場合もあるし，個別の企業が個別の事象に適用するようなミクロ的な選択である場合もある。
6　しばしば，会計責任または説明責任（accountability）という語も用いられる。

れてきた。会計は，受託者が委託者に対する受託責任を遂行する手段とされ，随時にまたは定期的に委託された財産に関する報告（受託責任報告）が行われてきた。現代的な株式会社の文脈において，受託責任とは，財産の受託者である企業の経営者が，財産の委託者である株主に対して，財産の運用状況について説明する義務ととらえることができる。

　経営者による受託責任の遂行状況の報告をも，財務報告の目的に含めるか否かについては議論がある。受託責任の遂行状況の報告について，これを意思決定有用性目的とは別個の財務報告の目的であると考えることもできる。他方で，受託責任の遂行状況の説明も，委託者の意思決定に役立つ情報の提供の一つと整理すれば，受託責任を意思決定有用性目的に含めて考えることもできる。

　受託者が受託責任の遂行状況を説明するためには，会計情報は，委託者にとっても納得できる客観的なものでなければならず，比較的硬質な（hard）ものとならざるをえない。このため，受託責任目的を重視する立場からは，取得原価主義が支持されることが多く，しばしば時価主義を支持する立場と対立することがある。時価主義を支持する立場からは，受託責任は，財務報告の目的に含めるべきではないと主張されることさえある。

(2) 利害調整

　会計情報は，個別的な契約または社会的な法規と結びついて，企業を取り巻く利害関係者の対立する利害を調整する役割を果たしてきた。このような役割は，会計の**利害調整機能**または**契約支援機能**とよばれている。

　個別的な契約の例としては，債務契約や経営者報酬契約をあげることができる。債務契約では，例えば金融資産の未実現利益を配当の財源から除外したり，債務超過の状態（負債が資産を上回る状態）に陥ったときに債権者に一定の経営上の権限が生じたりする。経営者報酬契約では，利益等の会計が生み出す金額をベースとして経営者の報酬額が決定される。他方，社会的な法規が規制している例として，配当や税がある。わが国では，会社法が会社

8　第1章　財務報告の目的

の行う配当の上限額を定め，法人税法等の税法が課税標準となる課税所得の額を決めているが，いずれの額も会計が生み出す金額（とくに利益）が基礎となっている[7]。

このような利害調整機能を財務報告の目的とするかどうかも，議論のあるところである。利害調整を意思決定有用性目的と並列する別個の目的であると考えることもできる。他方で，利害調整は，会計情報の事後的な利用の局面であるとしてこれを意思決定有用性目的とは切り離す考え方もある。ASBJ の「討議資料」では，「ディスクロージャー制度において開示される会計情報は，企業関係者の間の私的契約等を通じた利害調整にも副次的に利用されている。また，会計情報は不特定多数を対象とするいくつかの関連諸法規や政府等の規制においても副次的に利用されている。」（第 1 章第 11 項）と述べられている。しかしながら，副次的な利用の局面だからといって，利害調整機能をまったく無視して会計基準の内容を定めることはできない。とくに，企業活動を事後的に描写するはずの会計基準が，経営者等の利害関係者の行動を変えてしまうことがあるということが知られている[8]。したがって，会計基準の設定に際しては，会計情報が利用者の意思決定にとって有用であるかどうかのみならず，利害関係者の利害や行動に対してどのような影響をもたらすかという観点から考えることも重要となっている。ASBJ の「討議資料」では，「会計基準の設定・改廃を進める際には，それが公的規制や私的契約等を通じた利害調整に及ぼす影響も，同時に考慮の対象となる。そうした副次的な利用との関係も検討しながら，財務報告の目的の達成が図られる。」（第 1 章第 12 項）と述べられている。

---

7 ただし，それぞれの契約や法規において，独自の目的があることから，多くの場合，特定の会計情報にそれぞれの目的に応じた一定の修正を加えてそれらを利用している。

8 この議論は，会計基準の経済的帰結（economic consequences）の議論として知られている。

1.4 財務報告におけるトレードオフ問題

　財務報告は，多様な利害を有する多くの利害関係者によって利用されている。利害関係者の利害は，しばしば対立している。例えば，株主と債権者との関係を考えてみると，配当の支払いは，株式の価値の一部が現金となることになるので，株主にとっては企業（会社）が曝されているリスクから部分的に免れることを意味するのに対して，債権者にとっては企業（会社）が支払不能（デフォルト）に陥るリスクが高まることを意味している。このような意味で，株主と債権者の利害は対立している。また，株主と従業員の関係においても，賃金・給与の支払いを考えれば，両者の利害が対立することは明らかであろう。

　これらの利害関係者は，多様な利害を反映して，それぞれ異なる固有の情報ニーズを有している。これらの情報ニーズに対して個別に対応した会計情報を提供することは，主としてコスト対ベネフィット（便益）の問題から現実的ではないと考えられている。むしろ，財務報告は，これらの利害関係者に対して，一組の一般目的財務報告を行っている。

　したがって，しばしば利害関係者間の利害は相互に対立していることから，すべての利害関係者のそれぞれにとって最大のベネフィットをもたらすような一組の財務報告を行うことは困難である。一般目的財務報告は，以下のような様々なレベルでのトレードオフ問題に直面している。

- 意思決定有用性目的と受託責任・利害調整目的
- 目的適合性と信頼性
- 資産負債アプローチと収益費用アプローチ
- 時価評価と取得原価評価

　財務報告において，どのような会計情報が提供されるかは，財務報告の実務を規制する会計基準をどのようなものとして設定するかに依存している。このため，財務報告に関する議論の多くは，会計基準の設定をめぐる議論に

10　第1章　財務報告の目的

集約されている。会計基準の設定は，上記のようなトレードオフ問題を具体的に解いていく作業に他ならない。したがって，実際の会計基準の設定において，受託責任・利害調整目的を放棄すべきであるとか，会計情報の信頼性は必要ないなどと主張することや，すべての会計処理を資産負債アプローチに基づいて行うことを主張することは，このようなトレードオフ問題の存在を等閑視しているといわざるをえない。

　さて，このようなトレードオフ問題を定式化して解くためには，利害関係者に生じるコストとベネフィットを識別し，一定の制約条件のもとで社会的に正味のベネフィットを最大化することが必要である。しかし，このような最適化の作業は，不可能とはいわないまでも，非常に困難である。現実には，利害関係者間の不断の交渉を通じて，トレードオフ問題を緩和するための調整が行われている。現在では，各国のさらには国際的な，資本市場の規制当局や会計基準設定主体が中心となって，このような交渉が行われている。現在の財務報告を支える会計制度や会計基準は，このようなトレードオフ問題に対して利害関係者が不断の努力によって見出した現実的な解なのである[9]。

　さらに，以上のトレードオフ問題を解くうえで重要なことは，会計情報の相対的な**競争優位性**（competitive advantage）を考えることである。資本市場に提供される情報には，様々な情報が存在している。国内総生産，物価動向，景気指数，失業率などの経済統計の他，株価，金利，為替などの市場指標などのマクロ的な情報は，投資者等の意思決定にあたって重要な役割を果たしている。個別の企業に関する情報も，企業が自ら会計情報以外の情報として提供することもあるし，証券アナリストなどが仲介・解釈した情報も有償・無償で提供されている。すなわち，会計情報は，企業に関する様々な情報源のうちの一つに過ぎない。したがって，会計情報のデザインは，他の情

9　会計基準を設定するアプローチには，理念や目的から演繹的に設定するアプローチと現実の実務から帰納的に設定するアプローチがある。前述した概念フレームワークに基づく基準設定は，演繹的アプローチを志向しているが，現実の実務を顧みることなく基準設定を行うこともまた，このようなトレードオフ問題の存在を軽視した議論となってしまう。

1.4　財務報告におけるトレードオフ問題　　**11**

報源との関係において，どのような相対的な競争優位性があるかという観点から考えなければならない。トレードオフ問題を解くためには，このような会計情報の相対的な競争優位性も十分に考慮に入れなければならない。

　一般に，会計情報の優位性は，複式簿記システムに依拠した秩序ある取引記録に基づいて産出されている点に認められる[10]。取引記録を軽視して（すなわち，経営者の見積りに依存して）会計情報を作成することは，会計情報の相対的な競争優位性を損なうことになりかねない。すなわち，会計情報は，企業活動の歴史的な事実を確認することによって作成されるという面をもっており，経営者が有する将来に関する期待は，原則として会計情報には反映されない[11]。このような会計情報の相対的な優位性は，社会的にどのような会計基準を設定するかを考えるうえで十分に考慮される必要がある。

1.5　真実性の原則と「真実かつ公正な概観」

（1）真実性の原則

　わが国の「企業会計原則」は，その一般原則の一において，「企業会計は，企業の財政状態及び経営成績に関して，真実な報告を提供するものでなければならない。」と述べ，企業の財政状態および経営成績に関して「真実な報告」を行うことが企業会計の最高規範であることを明らかにしている。

　「企業会計原則」が設定されたのは 1949 年であり，以来，**真実性の原則**に関する規定は変わっていない。「真実な報告」の内容は，元来は，利害関係者の情報ニーズから独立に定められるものであり，「真実な報告」が行われていれば，当然に，利害関係者の情報ニーズが満足されるはずであるという考え

10　公認会計士による監査や証券規制当局による監督などのモニタリングの仕組みも，このような会計情報の優位性を構成する一因となっている。

11　追加的に，経営者が有する将来に関する期待について報告することはありえても，これによって歴史的な事実を報告するという会計の従前からの役割を代替することは考えにくい。

12　第 1 章　財務報告の目的

方が前提とされてきた。しかし，「真実な報告」の内容は，具体的には，「企業会計原則」におけるその他の規定，さらに「企業会計原則」を補完するその他の会計基準によってしか明らかにされないものである。これらの規定や基準の内容は，（とくに近年では）資本市場の参加者である企業，利用者，監査人などの意見を踏まえた公正な手続（due process）によって定められているものであり，利害関係者の情報ニーズを無視したものではありえない。

(2) 真実かつ公正な概観

真実性の原則は，イギリスに起源をもつ「**真実かつ公正な概観**（true and fair view)」に基礎を置くといわれている。この考え方は，現行の国際財務報告基準（International Financial Reporting Standards；IFRS）にも反映されている。すなわち，IFRS においては，財務諸表が財政状態，経営成績およびキャッシュフローの状況について「適正（公正）な表示（fair presentation)」をすることが求められており，適正（公正）な表示は，概念フレームワークと個別の IFRS を適用することによって，達成されることが想定されている[12]。しかし，極めてまれな状況において，個別の IFRS を適用することにより，適正（公正）な表示を達成することができない場合には，個別の IFRS の規定から離脱することが求められている[13]。この規定は，とくに離脱規定とよばれている。

1.6　一般に公正妥当と認められる企業会計の基準

現在，日本の会計基準には，**企業会計審議会**が設定してきた「企業会計原則」その他の意見書（本節では，まとめて企業会計原則等とよぶ）および企業会計基準委員会（ASBJ）が開発している「企業会計基準」その他の公表

12　IAS 1, *Presentation of Financial Statements*, par. 15.
13　IAS 1, *Presentation of Financial Statements*, par. 19.

物（本節では，企業会計基準等とよぶ）がある。

（1）金融商品取引法上の取扱い

　金融商品取引法上，同法の規定により提出される財務諸表（連結財務諸表，四半期連結財務諸表等も同様）は，内閣総理大臣が一般に公正妥当であると認められるところに従って内閣府令で定める用語，様式及び作成方法により作成しなければならないものとされ（第193条），財務諸表の用語，様式及び作成方法は，財務諸表等規則（内閣府令）の定めるところによるものとされる（財務諸表等規則第1条第1項）。そのうえで，財務諸表等規則において定めのない事項については，**「一般に公正妥当と認められる企業会計の基準」**に従うものとされる（同）。

　「一般に公正妥当と認められる企業会計の基準」という概念は，米国にルーツがあり，**証券取引委員会**（Securities and Exchange Commission；SEC）に提出すべき財務書類の作成にあたっては，**「一般に認められた会計原則」**（generally accepted accounting principles；GAAP）に従わなければならないとされる。このGAAPが何を指すかについては長い間議論されてきたが，現在では，FASBが維持管理している**会計基準体系**（Accounting Standards Codification；ASC）が唯一の権威あるGAAPの源泉となっている。

　わが国における「一般に公正妥当と認められる企業会計の基準」には，複数の源泉が存在する。企業会計原則等の設定主体である企業会計審議会は，金融庁に設置された公的な諮問機関である。そのため，金融商品取引法（金融庁の所管による）において，企業会計審議会により公表された企業会計の基準（企業会計原則等）は，明文をもって，同法上の「一般に公正妥当と認められる企業会計の基準」として位置づけられている（財務諸表等規則第2項）。

　さらに，「企業会計基準委員会が作成及び公表を行った企業会計基準のうち，公正かつ適切な手続の下に作成及び公表が行われたものと認められ，一般に公正妥当な企業会計の基準として認められることが見込まれるものとし

て金融庁長官が定めるもの」も「一般に公正妥当と認められる企業会計の基準」に該当する（同）。この規定を受けて，企業会計基準委員会が公表した企業会計基準等については，「財務諸表等の用語，様式及び作成方法に関する規則に規定する金融庁長官が定める企業会計の基準を指定する件」（平成21年12月金融庁告示第70号）に基づいて，金融庁長官による「一般に公正妥当と認められる企業会計の基準」としての指定が行われている。

(2) 会社法上の取扱い

会社法は，「株式会社の会計は，一般に公正妥当と認められる企業会計の慣行に従うものとする。」（第431条）と規定している。

会社計算規則は，「この省令の用語の解釈及び規定の適用に関しては，一般に公正妥当と認められる企業会計の基準その他の企業会計の慣行をしん酌しなければならない。」（第3条）とする。この規定の文理解釈上，「一般に公正妥当と認められる企業会計の慣行」には，「一般に公正妥当と認められる企業会計の基準」が含まれ，会社計算規則は，「一般に公正妥当と認められる企業会計の慣行」の一部を具体的に規定したものと解される[14]。

必ずしも企業会計審議会により公表された企業会計原則等や企業会計基準委員会により公表された企業会計基準等が，そのまま会社法上の「一般に公正妥当と認められる企業会計の慣行」に該当するわけではないが，これらが金融商品取引法上の「一般に公正妥当と認められる企業会計の基準」に該当することを考慮すると，会社法上も「一般に公正妥当と認められる企業会計の慣行」に該当する可能性が高いと考えられている。

(3) 指定国際会計基準の任意適用

金融商品取引法上，一定の要件を満たす「指定国際会計基準特定会社」は，

14　弥永真生「IFRSと「一般に公正妥当と認められる企業会計の慣行」ないし「一般に公正妥当と認められる企業会計の基準」」『ディスクロージャーニュース』第34号（2016年10月），pp.98-103。

「指定国際会計基準」によって連結財務諸表を作成することができる（連結財務諸表規則第93条）。

ここで，「指定国際会計基準特定会社」とは，次に掲げる要件のすべてを満たす株式会社をいう（第1条の2）。

● 有価証券届出書又は有価証券報告書において，連結財務諸表の適正性を確保するための特段の取組みに係る記載を行っていること。

● 指定国際会計基準に関する十分な知識を有する役員又は使用人を置いており，指定国際会計基準に基づいて連結財務諸表を適正に作成することができる体制を整備していること。

また，「指定国際会計基準」とは，国際会計基準のうち，公正かつ適正な手続のもとに作成及び公表が行われたものと認められ，公正妥当な企業会計の基準として認められることが見込まれるものとして金融庁長官が定めるものをいう（第93条）。現在のところ，金融庁長官によって指定されない国際会計基準は存在しない（「連結財務諸表の用語，様式及び作成方法に関する規則に規定する金融庁長官が定める企業会計の基準を指定する件」（平成21年金融庁告示第69号）【最終改正平成30年11月15日（金融庁告示第52号）】）ので，実質的に，連結財務諸表規則第93条にいう「指定国際会計基準」は，IASBが作成及び公表を行った国際会計基準（IFRS）そのものである。

この取扱いによって，わが国における上場会社は，一定の要件を満たすことによって，実質的に国際会計基準によって連結財務諸表を作成することが認められる。2019年3月現在，IFRS適用済会社数は182社，IFRS適用決定会社数は25社とされている（日本取引所グループ調べ）。

修正国際基準　　一定の要件を満たす「修正国際基準特定会社」は，修正国際基準によって作成することができる（連結財務諸表規則第94条）。

修正国際基準（Japan's Modified International Standards；JMIS）とは，「国際会計基準と企業会計基準委員会による修正会計基準によって構成

される会計基準」（金融庁告示第 69 号第 4 条）をいう。企業会計基準委員会による修正会計基準には，第 1 号「のれんの会計処理」と第 2 号「その他の包括利益の会計処理」がある。

修正国際基準は，国際会計基準に対して，わが国のビジネス環境に照らしての修正が加えられており，わが国における基準設定の考え方を反映しているものと考えられている。このため，日本版国際会計基準などとよばれることもあったが，現在（2019 年 3 月）のところ，修正国際基準によって連結財務諸表を作成する会社は，存在しない。

（4）複数の会計基準による連結財務諸表

すでに説明したように，わが国の企業は，金融商品取引法上，複数の会計基準によって連結財務諸表を作成することが認められている。日本基準の他，指定国際会計基準，修正国際基準，さらには米国証券取引委員会に登録している会社は，米国会計基準（米国預託証券の発行等に関して要請されている用語，様式及び作成方法）に従って連結財務諸表を作成することができる（連結財務諸表規則第 95 条）。したがって，わが国の企業は，一定の要件を満たせば，連結財務諸表の作成を以下の 4 つの基準のいずれかに従って作成することが可能である。

- 一般に公正妥当と認められる企業会計の基準（日本基準）
- 指定国際会計基準
- 修正国際基準
- 米国会計基準

このような状況は，国際的にみても極めて珍しい状況であるが，企業が置かれている環境に従って会計基準を選択することができることから，より適切な会計基準の選択によってより良い会計情報の提供が期待できるという面もある。その一方で，複数の会計基準に従って会計情報が作成されることによって，会計情報の企業間の比較可能性が低下するという問題が指摘されている。

1.6　一般に公正妥当と認められる企業会計の基準　**17**

最近の傾向としては，2007年から米国において証券取引委員会に登録する外国企業（日本企業を含む）に対して国際会計基準による連結財務諸表の作成が認められるようになったことにより，米国会計基準に代えて国際会計基準によって作成した連結財務諸表を米国証券取引委員会に提出する外国企業が増えている。米国市場における規制を順守するコストを回避するため，米国市場から撤退する企業さえある。わが国においては，指定国際会計基準を適用して連結財務諸表を作成する日本企業の数は増えてきているが，企業グループの国際展開が背景にあるものの，多くのケースにおいて，のれんの償却負担を避けたい企業がのれんの非償却を定める指定国際会計基準への移行を進めているといわれている。

章末問題

正誤問題

次のそれぞれの文章の正誤を答えなさい。

- 財務報告の利用者は，現在の株主および債権者であり，まだ当該企業の株式を保有していない投資家は，当該企業の財務諸表を入手することはできない。
- 企業が配当を行うことは，当該企業の株主のみならず，債権者にとっても有利な行動である。
- 「企業会計原則」では，企業の利害関係者に対して有用な情報を提供しなければならないという，有用性の原則が最高規範とされている。
- 会社法上，株式会社の会計は，一般に公正妥当と認められる企業会計の慣行に従うものとされる。
- 金融商品取引法上，一定の要件を満たす上場会社は，その個別財務諸表および連結財務諸表を指定国際会計基準に従って作成することができる。

研究問題

次の意見について論評しなさい。

- 財務報告の目的には，利用者の意思決定のために有用な情報を提供することばかりではなく，経営者による受託責任の遂行状況を評価することも含まれる。
- 会計基準の設定に際しては，様々な利害関係者間の利害にとって中立であ

18　第1章　財務報告の目的

ることが必要であり，会計基準の設定に伴う経済的帰結を考慮することは
避けるべきである。

- 受託責任の目的のため，すべての資産は，取得原価によって評価すべきで
ある。

- 財務報告には，複数の目的があるから，それぞれの目的に合致した複数の
財務諸表を作成すべきである。

ケーススタディ

次のケースについて，論評しなさい。

- A社は，かねてより採用してきた定額法によって減価償却を行うことが同
社の業績を正しく表示することにつながらないと考えている。A社は，減
価償却の方法を定率法に変更することができるか。

- B社は，金融業を営んでおり，保有する資産および負債のほとんどを時価
で管理することが望ましいと考えている。しかし，会計基準では，一部の
金融資産および金融負債について時価評価を行うことを認めるのみである。
B社は，会計基準で定める時価評価の範囲を超えて，資産および負債の時
価評価を行うことが認められるべきか。

第2章

発生主義会計

本章の論点

論点 2.1：現代の企業会計は，動態論に基づいているといわれている。損益計算書と貸借対照表が時系列的に連なる体系をなしている。

論点 2.2：発生主義会計は，現金収支を期間的に再配分することによって，収益・費用を導出するとともに，あわせて資産・負債・資本をも産出するシステムである。現金収支が発生主義会計における利益計算の基礎をなしている。

論点 2.3：配当・キャッシュフロー・利益には，密接な関係がある。それぞれに着目することによって，企業の価値を推定することができる。財務政策が影響する配当よりもキャッシュフローの方が予想しやすく，投資政策が影響するキャッシュフローよりも利益の方が予想しやすいと考えられている。

論点 2.4：発生主義会計における現金収支の配分（見越しおよび繰延べ）による収益・費用の認識は，用役の消費や享受の事実を観察することによって行われる。ただし，収益の認識は実現主義によって限定され，費用の認識は費用収益対応の原則によって限定されている。

2.1 静態論と動態論

　会計の主たる役割については，古来，財産計算と損益計算のいずれにあるのかということが議論されてきた。通説は，20世紀初頭において，財産計算から損益計算への重点移動が生じたとする。従前の財産計算を会計の主たる役割ととらえる考え方を**静態論**，その後の損益計算を会計の主たる役割ととらえる考え方を**動態論**とよんでいる。

　静態論において，会計は，一定時点における財政状態（資産および負債の状況）を静的に示すことを主たる目的とする。**貸借対照表**は，資産および負債の「在高表」として機能する。これに対して，動態論において，会計は，一定期間における経営成績（損益の状況）を動的に示すことを主たる目的とする。動態論では，**損益計算書**が主たる財務諸表とされ，貸借対照表は，損益計算書に計上されない項目を収容する計算書（損益計算に含まれない残高を収容するという意味で，「残高表」とよばれる）としての意味をもつにすぎず，各期の期間損益計算をつなぐ連結環として機能する。損益計算書→貸借対照表→損益計算書→貸借対照表…と時系列的に連なる財務諸表の体系は，まさに「動的」な体系である。

　静態論と動態論は，企業活動の源泉である資本を一定時点の状態としてとらえるのか，一定期間の運動としてとらえるのかという，資本のとらえ方の点に違いがあるとみることができる。また，貸借対照表の役割をどのように考えるかという問題に典型的に相違が現れてくるので，両者は，静的貸借対照表論と動的貸借対照表論としても論じられてきた。

　貸借対照表のみを作成するという最も純粋な静態論のもとにおいては，（他の情報媒体がないことから）貸借対照表において，将来のキャッシュフローの予測に資する情報をできるだけ現在の財産計算に織り込むべきであると考えられる。このような文脈からは，将来のキャッシュフローの価値を貸借対照表において表現するため，（自己創設の）無形資産の認識や資産の主

観的価値による評価などが主張されてくる。不幸にも，歴史的には，架空資産の認識や「資本の水増し」といった実務が生じ，大きな社会的な問題となった。

　動態論のもとでは，財務諸表として貸借対照表のみならず損益計算書も作成される。企業の将来のキャッシュフローについては，（貸借対照表に無形資産などとして直接に表示されなくとも）利用者が当該企業の過去の損益の状況から推定することができる。このような動態論の考え方は，財務諸表にすべての将来キャッシュフローに関する情報を織り込むことは不可能であるという現実認識に合致しており，さらに，主に過去の事実に基づいて財務諸表を作成することが経営者の役割で，そうした財務諸表に基づいて（自己責任で）将来の期待を形成することが投資家の役割であるという，資本市場における経営者と投資者の役割分担を前提とする市場規制の考え方とも整合している[1]。

　現代では，会計は，**ストック**と**フロー**という2種類の概念を用いて情報を提供するという考え方が定着している。その意味では，動態論に基づいているといってよい。ただし，利益などのフローが重視されることは疑いないが，資産および負債として表示されるストックについても，単なる損益計算の残滓というばかりではなく，公正価値や回収可能価額による評価によって，それらの在高により積極的な意味を付与しようとする努力も払われてきている。

2.2　現金主義会計と発生主義会計

　会計におけるフロー計算は，企業活動を一定の人為的な期間（会計期間）に区分することによって行われる。フロー計算の最も原始的な形態は，現金収支計算である。**現金主義会計**（cash-based accounting）においては，一期

1　ASBJ「討議資料　財務会計の概念フレームワーク」2006年，第1章，第6項-第10項。

22　第2章　発生主義会計

間の収入と支出を比較することによって，収支余剰が計算される。ただし，現金主義会計においても，借入れや貸付けといった資金の貸借に関する取引から生ずる収支は，収支余剰の計算から除外されるのが通常である。このような区別を行った結果計算される収支余剰は，現金収支で測った企業活動の成果と解釈することができる。とくに，収支余剰は，極めて客観的に測定することが可能であるという特徴を有している。

しかしながら，固定資産を現金で購入した場合を考えれば明らかなように，収支余剰は，当該期間における企業活動の成果と当然に関連しているとはいえない。固定資産を購入したという活動よりも，固定資産を使用して収益の獲得に役立てるという活動の方が企業活動の成果により関連していると考えられるからである。

そこで，現金収支の期間帰属を適切に修正しようとする考え方が生まれてくる。そのような考え方に基づいた会計システムが，**発生主義会計**（accrual-based accounting）である。発生主義会計においては，現金の収入と支出を基礎としながら，その見越し・繰延べの操作（期間的な再配分）を行うことによって，収益と費用が導出され，さらにその副産物として資産・負債・資本も派生的に生み出される（図表 2）。利益は，収益から費用を差し引いた額であり，一期間における企業業績の指標として役立っている。

発生主義会計においても，利益の計算は，現金収支を基礎（アンカー）と

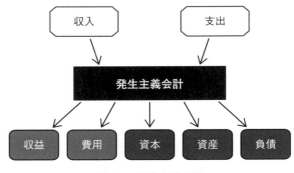

図表 2　発生主義会計

することから，利益は，収支余剰としての性格[2]を残している。このような
発生主義会計の仕組みは，利益に一定の現金収支の裏付けを与えるものであ
り，利益数値の信頼性の付与に役立ち，利益が前述したような様々な目的
（とくに利害調整目的）に利用される根拠となっている。

資産および負債の評価差額と利益　　上述したように，利益には，現金
収支の裏付けがあるが，資産および負債を時価評価すると，もともとの
帳簿価額と時価との差額（評価差額）が利益に含められることになる。

　資産および負債の時価評価には，当該資産および負債の現時点での価
値を表現するという役割が期待されているが，その反面，評価差額を利
益に含めると，利益の収支余剰としての性格が希薄になってしまう。と
くに，時価評価の範囲を拡大しすぎると，利益が元来有していた特徴
（信頼性）を失わせることになりかねず，会計の目的を適切に達成する
ことが困難になってしまう場合も考えられる。

　したがって，資産および負債の測定に際して時価を選択するにあ
たっては，資産および負債が貸借対照表においてどのように表現される
かということのみならず，利益の性格に及ぼす影響についても慎重に考
慮する必要がある。

2.3　配当・キャッシュフロー・利益

　企業の配当，キャッシュフローおよび利益の間には，密接な関係がある。
　すでに述べたように，発生主義会計においては，各期のキャッシュフ
ロー（現金収支）が期間的に再配分されることによって，利益が計算される。
また，企業が行う配当は，企業が稼得したキャッシュフローを原資として行

2　例えば，利益は「調整済正味キャッシュフロー」（adjusted net cash flows）などとよばれて
いる（Ilia D. Dichev, "On the Conceptual Foundations of Financial Reporting," *Accounting and
Business Research* 47 (6), 2017, pp. 617–632）。

24　　第2章　発生主義会計

FCF：フリー・キャッシュフロー

図表3　配当・キャッシュフロー・利益

われる（**図表3**）。

　もちろん，短期的には（各会計期間ごとには），利益・キャッシュフロー・配当は，一致しない。しかし，企業の開業から廃業までの全期間を考えれば，利益・キャッシュフロー・配当のそれぞれの総和は，一致する。

　すでに述べたように，会計の目的は，投資者等の利用者に対して意思決定に役立つ情報を提供することにある。この意思決定目的は，より具体的には，企業価値の推定に役立つ情報を提供することと理解されている。投資者の意思決定は，投資者が会計情報を利用して企業の実態（ファンダメンタルズ）を反映した一株当たりの**企業価値**（「理論株価」などということもある）を推定し，それと現在の株価とを比較することによって行われるからである[3]。投資者以外の者にとっても，投資者に役立つ情報が提供されれば彼らの意思決定にも必要な情報が提供されていると考えられている。

　したがって，配当・キャッシュフロー・利益の関係は，投資者がそれらの数値を企業評価においてどのように利用しているかを知ることによっても理解することができる。ここでは，代表的な企業評価モデルにおいて確認してみよう。

　最も基本的な企業評価モデルは，企業が行う将来の配当の流列を現在価値に割り引くことによって企業価値の評価を行う**配当割引モデル**である。会計

---

[3] 例えば，理論株価よりも実際の株価が安ければ当該株式を購入し，逆に理論株価よりも実際の株価が高ければ当該株式を売却する（あるいは空売りする）はずである。

期間（t 期）として 1 期から ∞ 期（$1 < n < \infty$）を想定すると，現時点 0 期末における企業価値（株主に帰属する価値）V_0 は，次の（1）式のように t 期末における配当 D_t の割引現在価値の総和として表現される。なお，簡単化のため，割引率は r とし，各期において一定とする。

$$V_0 = \frac{D_1}{1+r} + \frac{D_2}{(1+r)^2} + \cdots + \frac{D_n}{(1+r)^n} + \cdots = \sum_{t=1}^{\infty} \frac{D_t}{(1+r)^t} \tag{1}$$

　投資者が企業価値を知るためには，将来の配当の額を予想しなければならない。しかし，配当は，企業の財務政策に依存して決定されるものであるから，投資者が予測することは難しい。そのため，投資者は，むしろ配当の原資であるキャッシュフローに着目して，企業価値を推定しようとするであろう。

　ここで，t 期末に生じるキャッシュフローを C_t とおく。t 期末におけるキャッシュフローと配当の額が異なる場合，その差額は，正味財務資産として累積されていく。t 期末における正味財務資産を FA_t とすると，次のような関係式を導出することができる。

$$FA_t = (1+r)FA_{t-1} + C_t - D_t \tag{2}$$

（2）式から，$D_t = (1+r)FA_{t-1} - FA_t + C_t$ を得るが，これを（1）式に代入すると，現時点 0 期末における企業価値 V_0 は，次の（3）式のように，C_t の現在価値の総和に正味財務資産の簿価 FA_0 を加算（多くの場合，正味財務負債を減算）したものとして表現される[4]。このような企業価値評価モデルは，**割引キャッシュフローモデル**とよばれている。

　4　配当とキャッシュフローのタイミングが異なるにもかかわらず，配当割引モデルとキャッシュフロー割引モデルの計算結果が一致するのは，キャッシュフローのうち配当されない資金は資本コスト r で運用されているからである。

26　　第 2 章　発生主義会計

$$V_0 = \frac{(1+r)FA_0 - FA_1 + C_1}{1+r} + \frac{(1+r)FA_1 - FA_2 + C_2}{(1+r)^2} + \cdots$$
$$+ \frac{(1+r)FA_{n-1} - FA_n + C_n}{(1+r)^n} + \cdots$$
$$= FA_0 + \frac{C_1}{1+r} + \frac{C_2}{(1+r)^2} + \cdots + \frac{C_n}{(1+r)^n} + \cdots = FA_0 + \sum_{t=1}^{\infty} \frac{C_t}{(1+r)^t} \quad (3)$$

しばしば財務報告の利用者は，企業が生み出す将来のキャッシュフローに関心を有しているといわれるが，その意味はこの式において明らかであろう[5]。将来のキャッシュフローこそが，企業が生み出す価値の源泉であることを意味している。

利益が企業評価にどのように結びついているかを考えるにあたっては，一般に，利益・配当・純資産の間の**クリーン・サープラス関係**が前提となる。t 期の利益を P_t，t 期末の純資産を B_t とすると，クリーン・サープラス関係は，次の（4）式のように定義される。

$$B_t = B_{t-1} + P_t - D_t \qquad\qquad (4)$$

（4）式は，純資産の簿価の増減は，利益と配当のみによってもたらされるということを意味している。損益計算書を通してしか純資産は増えないし，増えた純資産はいずれ配当されることが予定されている。利益と配当は，すでに述べたように，長期的にみればそれぞれの累積額が一致するということでもある。

5　企業評価の実務では，キャッシュフローを営業活動と財務活動から生じるものに分けて，営業活動からのキャッシュフロー（キャッシュ・フロー計算書における投資活動からのキャッシュフローを含む。いわゆるフリー・キャッシュフローであり，営業活動から得られ，財務活動に充当される）の現在価値として営業活動の価値を求め，そこから財務活動の価値を加算（正味財務資産の価値を加算，または正味財務負債の価値を減算）して株主に帰属する企業価値を求める（**図表 3**）。実務的には，フリー・キャッシュフローの代替値として，より予測しやすい税引後営業利益（net operating profit after tax：NOPAT）などが用いられる。

2.3　配当・キャッシュフロー・利益　**27**

（4）式から，$D_t = B_{t-1} + P_t - B_t$ を得るが，これを（1）式の D_t に代入すると，次のようになる。

$$
\begin{aligned}
V_0 &= \frac{B_0 + P_1 - B_1}{1+r} + \frac{B_1 + P_2 - B_2}{(1+r)^2} + \cdots + \frac{B_{n-1} + P_n - B_n}{(1+r)^n} + \cdots \\
&= B_0 + \frac{P_1 - rB_0}{1+r} + \frac{P_2 - rB_1}{(1+r)^2} + \cdots + \frac{P_n - rB_{n-1}}{(1+r)^n} + \cdots \\
&= B_0 + \sum_{t=1}^{\infty} \frac{P_t - rB_{t-1}}{(1+r)^t}
\end{aligned}
\tag{5}
$$

（5）式の最右辺における第2項は，各期の利益から，前期末の純資産簿価に割引率を乗じた資本コスト rB_{t-1} を控除して，残余利益（超過利潤）の流列を求め，その割引現在価値を合計することによって求められる。いわゆる残余利益の現在価値であり，当該企業にとっての未認識の価値であるのれんを意味している。したがって，（5）式の意味するところは，企業価値が，会計上認識された純資産の帳簿価額に将来の残余利益の現在価値である未認識ののれんを加算することによって求められるということである。（5）式は，一般に，**残余利益モデル**などとよばれている。

　以上のように，配当・キャッシュフロー・利益は，それぞれ企業価値の大きさを説明する能力を有している。とくに，クリーン・サープラス関係を介して，3つの企業評価モデルは，理論的に等値の関係にある。しかし，財務報告の利用者が将来の期間におけるこれらの金額を予想するに際しては，予想しやすさの点において（つまり，利用者が負担するコストの面において）差異がある。一般には，企業の財務政策が大きく影響する配当よりもキャッシュフローの方が予想しやすいし，企業の投資政策が大きく影響するキャッシュフローよりも利益の方が予想しやすいと考えられている。利益は，配当政策とは無関係であるし，投資政策の影響は減価償却などの発生主義会計の仕組みによって平準化されている。

残余利益モデルのインプリケーション　　残余利益モデルは，会計方針の差異にかかわらず，成立するものである。すなわち，いかなる会計方針を採用しようが，利用者が当該会計方針に応じた将来の利益を予想することによって，企業価値を求めることができる。例えば，保守的な会計方針（例えば，定率法による減価償却）を採用して純資産簿価を過小に表示しても，企業価値の大きさには影響を与えず，将来の残余利益の現在価値（のれん）が大きくなるだけである。逆にアグレッシブな会計方針（例えば，無形資産の認識）を採用して純資産簿価を過大に表示しても，同様に，将来の残余利益の現在価値が小さくなるだけである。つまり，純資産簿価と残余利益の現在価値は，お互いに補完する関係にある。

　また，現金収支の見越し・繰延べを行わない現金主義会計も，一つの会計方針として考えられるから，現金主義会計が産出する情報によっても理論的には企業価値を求めることは可能である。見越・繰延項目としての資産・負債（後述する，会計的発生項目）が生じないので，現金主義会計における企業評価の式は，割引キャッシュフローモデルの式と同じになる。

2.4　収入・支出と収益・費用

(1) 見越し・繰延べ

　発生主義会計によって，収入と支出を収益と費用に変換するプロセスは，主に収益と費用の**見越し・繰延べ**という手続に従って行われる。

　当期の収入のうち，次期以降の収益となる部分は前受項目（負債）として繰り延べられ，次期の収入の一部は，未収項目（資産）として当期の収益に見越し計上される。また，当期の支出のうち，次期以降の費用となる部分は前払項目（資産）として繰り延べられ，次期の支出の一部は，未払項目（負

債）として当期の費用に見越し計上される。いいかえれば，収益の見越しによって未収項目が生じ，収益の繰延べによって前受項目が生じる。また，費用の見越しによって未払項目が生じ，費用の繰延べによって前払項目が生じることになる。

このような現金収支の期間的再配分の結果として発生主義利益が計算される仕組みを確認してみる。まず，期首現在，現金のみを資産として有する企業を考える。期首時点において，次のような関係が成立している。

期首現金＝期首資本

次いで，当期の収入と支出の差額だけ期末の現金が増加するので，

期末現金＝期首現金＋収入－支出

となる。すでに述べたように，収入と収益の関係，支出と費用の関係は，見越し・繰延べの手続によって，次のように定義される。

収入＋未収－前受＝収益
支出＋未払－前払＝費用

以上の2式を変形して，

収入＝収益－未収＋前受
支出＝費用－未払＋前払

となるから，上記の期末現金と期首現金の関係式は，次のように書き換えられる。

期末現金＝期首資本＋（収益－未収＋前受）－（費用－未払＋前払）

さらに，整理すると，

期末現金＋未収＋前払＋費用＝未払＋前受＋期首資本＋収益

30　　第2章　発生主義会計

となる。この式は，期末に作成される試算表において成り立つ式を表しているので，**試算表等式**とよばれている（「期末資産＋費用＝期末負債＋期首資本＋収益」とも表現される）。

このうち，収益と費用は，損益計算書に収容され，収益と費用の差額として利益が計算される。

> **利益＝収益－費用**

収益と費用以外の，現金，未収項目と前払項目は資産として，未払項目と前受項目は負債として，それぞれ貸借対照表に収容される。また，期首資本と利益（＝収益－費用）は，期末資本として貸借対照表に収容される。

> **（期末現金＋未収＋前払）＝（未払＋前受）＋（期首資本＋利益）**
>
> **期末資産＝期末負債＋期末資本**

なお，貸借対照表を表現する上式における，未収・前払・未払・前受の各項目は，発生主義会計に基づいて現金収支を利益に変換する過程において生じるものであることから，**会計的発生項目**（accruals）とよばれている。

会計的発生項目には，次項で述べるような，経過勘定項目のみならず，収益および費用の発生と関連する多くの資産および負債が含まれている。例えば，前払項目には，前払費用の他，商品・製品等の棚卸資産（その代金を前もって支払った場合に生じる前払金も含まれる），建物・備品・機械等の有形固定資産，特許権・のれん等の無形固定資産も含まれている。

<u>会計的発生項目の情報内容</u>　発生主義会計の手続によって，現金の収入および支出が収益および費用に変換され，利益が計算される。そのような発生主義会計が行われるのは，単なる現金収支よりも利益の方が利用者の意思決定にとって有用であるからに他ならない。

会計学の研究では，利益の意思決定有用性を明らかにするため，発生主義のメカニズムを解明しようとする努力が払われてきた。そこでは，

2.4　収入・支出と収益・費用　**31**

利益そのものの有用性に関する研究の他に，発生主義会計がもたらす会計的発生項目の有用性に関する研究もさかんに行われてきた。

例えば，短期的な項目と長期的な項目において有用性に違いはないか，裁量的な項目と非裁量的な項目において有用性に違いはないかなどが研究のテーマとなってきた。

注目すべきは，キャッシュ・フロー計算書の様式である。営業活動からのキャッシュ・フローを間接法によって表示する場合，発生主義会計によって見越し・繰延べが行われた会計的発生項目を端的に知ることができる。財務諸表の利用者は，会計的発生項目の質を調べることによって，当該企業が報告する利益の質を評価することができる。

(2) 経過勘定項目

すでに述べたように，発生主義会計は，現金の収入および支出を収益および費用に変換する手続である。この手続は，収益および費用の見越し・繰延べの手続として具体化されている。

現在の会計実務において，典型的にみられる見越し・繰延べの手続は，前払費用，未払費用，未収収益，および前受収益を計上する会計処理にみることができる。これらは，総じて経過勘定項目とよばれ，費用・収益の見越し・繰延べの処理が行われた結果生ずる典型的な会計的発生項目である。

これらの経過勘定項目は，次のように，一定の契約の存在を前提に行われる継続的な用役の消費または享受と現金収支の関係から定義される。

前払費用　支出をしたが，用役を消費（享受）していない。費用の一部を取り消すと同時に，同額が資産として計上される。この資産が前払費用であり，将来用役を受け取る権利を表す。

未払費用　用役を消費（享受）したが，支出をしていない。費用を追加的に計上すると同時に，同額が負債として計上される。この負債が未払費用であり，将来支出を行う義務を表す。

未収収益　用役を提供したが，収入がない。収益を追加的に計上する

32　第2章　発生主義会計

と同時に，同額を資産として計上する。この資産が未収収益であり，将来収入を受ける権利を表す。

前受収益　収入があるが，用役を提供していない。収益の一部を取り消すと同時に，同額を負債として計上する。この負債が前受収益であり，将来用役を提供する義務を表す。

これらの経過勘定項目は，（収益および費用の認識基準としての）発生主義が適用されることによって生じる項目である。通常，月数や日数などによって期間配分されることから，この認識基準は，時間基準ともよばれている。

なお，未収収益については，未実現利益の計上につながっているのではないという懸念が生ずる。収入がないのにもかかわらず，収益を計上しているからである。通常，未収収益は，一定の契約の存在を前提にしており，将来の収入に関するリスクが小さいと考えられていることから，形式的には未実現利益であるとしても，収益として計上する実務が行われている。ただし，貸倒れの懸念のある貸付先から生じる未収利息は，このようなリスクが小さいとはいえないことから，これを計上することができない。

(3) 実現主義および費用収益対応の原則による限定

発生主義会計による見越し・繰延べの処理は，前項で述べたように，通常は，収益および費用に関連する用役の提供や消費（しばしば「経済的事実の発生」などともいわれる）に基づいて行われている。このような用役の提供や消費に着目して，収益および費用の認識を行う認識基準が**発生主義**である。したがって，基本的には，損益計算書における収益は用役の提供が行われたものであり，費用は用役の消費が行われたものである。

しかしながら，より詳しく検討すると，収益および費用の認識は，必ずしも用役の享受および消費のみで決定されるわけではない。収益については，実現主義による限定が行われ，費用については，費用収益対応の原則による限定が行われている。

A. 実現主義による限定

収益の認識は，本書では，第4章において詳しく議論するが，一般に，**実現主義**に基づいて行われている。実現主義は，用役の提供をすでに完了したばかりではなく，その対価として現金及び現金同等物を受け取った時点において収益を認識する認識基準である。したがって，用役を提供したものの対価の受取りが行われていない段階においては，収益は認識されない。

このように，収益については，実現主義によってより保守的な認識が行われている。

B. 費用収益対応の原則

費用については，通常，まず用役の消費に基づいて発生した費用（発生費用）が把握される。そのうえで，発生費用のうち，当期の収益に対応する部分が当期の費用（期間費用）として認識される。

例えば，製造業を営む企業において，製造のために材料や労務費を消費すると，これらは発生費用となる。しかし，このすべてが期間費用となるわけではなく，顧客に販売された部分だけが期間費用（売上原価）となる。販売されない部分に係る発生費用は，製造過程の中であれば仕掛品，完成したものの未販売の状態であれば製品が，それぞれ資産原価として貸借対照表に計上され，次期に繰り延べられる。繰り延べられた資産原価は，翌期以降に販売されれば，販売された期間の期間費用となる。製造業における原価計算は，発生費用（原価）を製造活動の単位に跡付けて最終的には製品原価を計算する仕組みであり，財務会計において必要な売上原価と棚卸資産原価に関する情報を提供している。

費用収益対応の原則は，売上原価や直接販売費などのように，商品や製品を媒介として収益と費用の対応関係が確保される場合（個別的対応），その手続は明確である。すなわち，売上高等の成果に対して，その成果を得るための直接的な犠牲として売上原価や直接販売費が費用に計上されると説明される。この他にも，多くの一般管理費にみられるように，発生主義に基づいて把握された発生費用がそのまま期間費用とされるような場合も少なくない。

34　第2章　発生主義会計

このような場合，収益との対応関係は希薄であるが，会計期間を媒介とする対応関係（期間的対応）が存在するとみるのが通説である。

　費用収益対応の原則は，収益と費用との間に対応関係を付与することによって，差額としての利益に一定の規律（因果律）を与えていると考えられている。

　　収益認識基準に関する国際的動向　　IFRS などでは，収益の認識は，契約上の履行義務を充足した場合に行われる。顧客に財やサービスを販売する契約では，売主は，商品やサービスの提供を行うという履行義務を負担している。この履行義務が充足されて消滅した段階において収益を認識する。すなわち，「負債の消滅＝収益」とみるわけである。

　　他方，費用の認識は，財またはサービスに対する支配の移転に基づいて行われる。商品や製品を販売する場合，それらの資産に対する支配が他者（顧客）に移転されたとみて，費用（売上原価）を計上する。

　　このように，IFRS などでは，伝統的な実現主義や費用収益対応の原則を用いないで収益や費用の認識を説明する取組みが行われている。このような背景には，歴史的に，実現主義や費用収益対応の原則の解釈には幅があり，恣意的な会計処理が行われることも少なくなかったという会計実務の経験があると考えられる。また，収益や費用の認識を，より具体的に観念することができる負債や資産の消滅という事象に関係づけることによって，実務上の客観性を高めようとする取組みとして理解することもできる。

　　わが国においても，2018 年に ASBJ から企業会計基準第 29 号「収益認識に関する会計基準」が公表されているが，この基準は，基本的に，収益認識に関する IFRS 15「顧客との契約から生じる収益」と整合的な内容となっている。企業会計基準第 29 号については，第 4 章において詳しく述べる。

2.4　収入・支出と収益・費用　　**35**

(4) 繰延資産と引当金

発生主義だけでは会計処理の説明が難しい項目に，繰延資産と引当金がある。

A. 繰 延 資 産

繰延資産は，すでに行われた支出で，かつ用役の消費が完了しているにもかかわらず，これを資産として繰り延べたものである。資産として繰り延べられている通常の前払項目（例えば，前払費用）と比べると，すでに支出が行われたという点では共通するが，繰延資産は，用役の消費が完了している点において他の前払項目とは異なる。

繰延資産については，「連続意見書第五」において詳しく論じられている。発生主義を超えて繰延処理が行われる根拠は，支出の効果が将来の期間において発現すること，および支出から生み出される収益と当該支出との期間的な対応を図ること，の2つに求められている。

現行の会計実務では，かつて商法において認められた繰延資産のうち，創立費，開業費，開発費，株式交付費，社債発行費等（新株予約権発行費を含む）の5項目が認められている（実務対応報告第19号「繰延資産の会計処理に関する当面の取扱い」）。

> **開発費の無形資産としての計上**　IFRS（IAS 38「無形資産」）では，研究費については費用処理が要求されるものの，一定の要件を満たす開発費については，自社開発のものであっても，無形資産として認識することが要求されている（IAS 38, par. 57）。開発費は，将来の経済的便益をもたらす蓋然性が高いことから，資産の定義を満たし，開発費を資産として認識しないことがかえって財務諸表の有用性を毀損すると考えられている。
>
> 開発費の会計処理に関する日本基準と IFRS との差異は，現在における両者の主要な差異の1つとなっている。

36　　第2章　発生主義会計

B. 引 当 金

　引当金は，いまだ用役の消費が行われていないにもかかわらず，将来の支出を見越して費用を認識する際に生じる項目である。通説では，用役の消費が行われていなくとも費用（引当金繰入額）が計上される理由について，将来用役の消費が行われる原因が存在していることに求めている[6]（とくに原因発生主義という）。製品保証引当金を例にとると，顧客の求めに応じて製品の修理を行う際に材料費や加工費等の用役の消費が行われるが，その原因は，当期における製品の販売にあると認められると考える。

　また，引当金をその他の費用の見越（未払）項目と比べると，債務性の有無にかかわらず，支出の原因の発生に基づいて費用（引当金繰入額）を計上している点において特徴がある。このため，引当金は，しばしば債務性引当金と非債務性引当金に分類される。これに対して，通常の費用の見越（未払）項目は，消費した用役に対する対価の支払義務が伴うので，債務性を有している。また，引当金が将来に関する見積りによる測定の不確実性を伴っているのに対して，未払金は契約上の債務額が明確であるし，未払費用も契約によって定められた金額を期間配分することによって計算されるものであるから測定の不確実性はそれほど高くない。

　引当金も，非債務性引当金として例示されるものは，ほぼ修繕引当金に限定されており[7]，大部分は債務性の観点から負債としての計上を説明することが可能である。

　引当金の概念　　現在，引当金とされるものの中でも，いくつかの項目については，引当金とすべき項目かどうか，議論のあるものも多い。

　　例えば，すでに述べた修繕引当金は，債務性がないので，これを修繕

---

[6] この他にも，引当金の設定の理由を費用収益対応の原則に求める考え方もある。この考え方では，引当金の設定対象となる（将来の）用役の消費は，当期以前の収益と対応させられるべきものとされる。

[7] 修繕を要するような状態となった資産については，将来のキャッシュフローが低下しており，引当金処理ではなく，むしろ減損処理を適用すべきとも考えられる。

2.4　収入・支出と収益・費用　**37**

の対象とする固定資産の帳簿価額から減額すべきであるとする評価性引当金説が展開されてきた。修繕を要する状態になった固定資産について，将来のキャッシュフローが低下している場合，当該固定資産の帳簿価額を切り下げる必要が生じている可能性もある。この場合には，修繕引当金を設定するよりも，減損処理が適している。

　従来，減価償却費を固定資産から間接的に控除するための項目として，「減価償却引当金」という項目が存在していたが，現在では，「減価償却累計額」として固定資産の取得原価から間接控除する形式の中で表示されている。貸倒引当金は，受取手形，売掛金等の債権の控除項目（評価勘定）として機能している。貸倒損失については，「将来の損失」を引当経理したものと考えられてきたが，すでに発生した損失であると考えれば，貸倒引当金も，「減価償却引当金」と同様，「貸倒見積額」等の引当金以外の別の科目として表現した方がよいものであるかもしれない。

　さらに，退職給付引当金についても，すでに発生した退職給付債務を表すのであり，むしろ未払退職給付として表示すべきであるという考え方もある[8]。

章 末 問 題

研 究 問 題

次の意見について論評しなさい。

- 現代の企業経営において，ブランド資産は重要な資産となっていることから，自己創設の場合であってもこれを貸借対照表に資産として計上すべきである。
- 保守的な会計処理は，これを行うと財務諸表の利用者が企業価値を過小に

8　未認識の数理計算上の差異等を除外することによって，退職給付引当金が純粋な債務額を表していないため，引当金として表示しているとも考えられる。連結財務諸表においては，「退職給付に係る負債」が表示されるが，未認識の数理計算上の差異等は，「退職給付に係る負債」から切り離され，その他の包括利益累計額に含められる。

38　第2章　発生主義会計

評価することになりかねないので，利用者にとって望ましくない。

- 発生主義会計における利益は，資金的な裏付けがないので，利害関係者間の利害調整には役立たない。

- 繰延資産は，すでに用役の消費が完了しており，将来の期間において用役を提供するものではないから，資産として計上すべきではない。

── ケーススタディ ──

- 開発費の資産計上を行っている IFRS 適用企業の財務諸表と開発費の資産計上を行っていない日本基準適用企業との財務諸表を比較して，両者の特徴を述べなさい。

第3章

資本と利益

本章の論点

論点 3.1：会計情報の特徴は，ストックとフローの両方を開示する点にある。ストックとフローは，相互依存的に定義される。

論点 3.2：会計において最も代表的なストックとフローは，資本と利益である。利益は資本の期中変動額として定義され，資本は所有主からの拠出額と利益の累積額との合計として定義される。

論点 3.3：貸借対照表と損益計算書は，ストックとフローを表す財務諸表である。その他に，キャッシュ・フロー計算書，株主資本等変動計算書，包括利益計算書が導入され，貸借対照表と損益計算書からなる財務諸表体系を補完している。

論点 3.4：資本と利益の区別は，利益の計算にとって重要な要請であるが，具体的な判断が難しい項目も多く，解決すべき様々な論点がある。

論点 3.5：会計上の利益は，投資者による企業価値の推定にとって不可欠であり，持続性を備えることが重要である。

論点 3.6：資本と利益は，クリーン・サープラス関係を保持することが重要である。現行の会計基準においては，株主資本と純利益，純資産と包括利益という2つのクリーン・サープラス関係が存在する。

3.1 ストックとフロー

　第2章において述べたように，動態論に基づく現代の会計では，定期的にストックとフローに関する情報が提供される。会計情報の最大の特徴の1つは，ストックとフローの両者を開示する点にあると考えられる。

(1) ストックとフローの関係

　ストックとフローには，次のように相互依存的な関係がある。

当期フロー＝期末ストック－期首ストック

　すなわち，ある期間のフローは，当該期間の期末ストックと期首ストックの差分として定義される。さらに，次期において，当期の期末ストックは，次期の期首ストックとして繰り越される。したがって，ある時点のストックは，その時点までに生じた過去の期間のフローの累積としても表現することができる。

　ストックとフローの関係は，いずれか一方が先に存在するといった概念的優劣や時間的先後の関係ではなく，同時決定の関係にあるとみるべきであろう。ストックとフローで表現すべき対象の範囲（例えば，現金）が決まれば，ある時点でのストック（現金残高）が決まり，同時にある期間のフロー（現金収支）も決まる。

(2) 資本と利益の関係

　会計におけるストックとフローには，それらによって表現すべき対象の範囲によって，いくつもの組合せがある（例えば，現金残高と現金収支のように）。会計におけるストックとフローとして最も代表的なものは，資本と利益である。資本は，一般に，会計上認識されたすべての資産と負債を考慮に入れ，それらの差額として定義されており，報告主体に帰属するすべての認

3.1　ストックとフロー　　**41**

識されたストックを反映した金額である。利益は，そのような資本の期中増減額であるから，すべての認識されたストックの期中変動を反映している。ストックとしての資本とフローとしての利益の関係は，次のように表現される[1]。

当期利益＝期末資本－期首資本

このように，ある期間の利益は，当該期間の期末資本と期首資本との差分として定義される。さらに，当期の期末資本は，次期の期首資本として繰り越される。このような関係は，いわゆるクリーン・サープラス関係によっても表現できる。クリーン・サープラス関係は，資本を構成する剰余金（サープラス）が利益計算を通じてのみ増減することを示唆している。

　また，ある時点の資本は，株主からの拠出額とその時点までに生じた過去の期間の利益の累積額との合計としても表現することができる。このため，資本は，直接的な会計処理の対象とはされない[2]。

（3）財政状態と経営成績

　会計上のストックとフローには，様々な意味づけや表現が行われている。最も有名な表現は，ストックとフローを，一定時点における財政状態および一定期間における経営成績とする表現である。財政状態は貸借対照表によって表示され，経営成績は損益計算書によって表示される。貸借対照表と損益計算書は，一対の財務諸表として機能する。

　そもそも企業活動の収益性（profitability）は，次のように，投資（投下資本）に対するリターン（回収余剰）として表現される。

---

[1]　株主からの拠出や株主への分配は，資本を増減させるが，通常は利益の計算には含めない。拠出と配当を考慮すると，資本と利益の関係式は，次のようになる。
　　　当期利益＝期末資本－（期首資本＋拠出－配当）
[2]　典型的には，資本を時価（株価）で評価したりはしない。

42　　第3章　資本と利益

$$収益性 = \frac{リターン}{投資}$$

したがって，ストックに対するフローの大きさが投資に対するリターンとしての収益性を適切に表現することができるので，ストックとフローの情報を提供する会計慣行は，企業活動の収益性に関心のある利害関係者にとって，極めて自然でかつ合理的である。ASBJ の「討議資料」では，このようなストックとフローを「投資のポジションとその成果」と表現している。

また，しばしば，会計計算は，**投資回収計算**であるといわれる。企業活動は，投下資本を回収する活動としてとらえられる。利益は投下資本を回収してなお残る回収余剰である。投資と回収を繰り返す企業活動を表現するために，会計は，継続的に生じる多数の投資回収計算を行っている。投資の額は資本によって表現され，投資の成果は回収余剰たる利益によって表現される。利益が資本に加算されることによって，企業活動が拡大している様子が表現されている（図表4）。

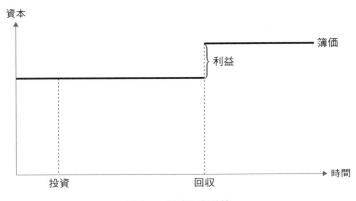

図表4　投資回収計算

3.2　財務諸表の体系

（1）貸借対照表と損益計算書の関係

　前節で述べたように，会計におけるストックとフローは，企業の一定時点における財政状態と一定期間における経営成績としての意味を与えられ，貸借対照表と損益計算書の形式に従って報告される。

　貸借対照表と損益計算書は，両者が一対の相互補完的な関係にある。一方のみでは，利用者は，情報を意味のある形式で読み取ることができない。

　貸借対照表に記載されている資産および負債は，将来のキャッシュフローがどの程度企業にもたらされるかを知るうえで有用な情報を提供している。しかし，貸借対照表のみで将来のキャッシュフローを予想することには限界がある。例えば，貸借対照表の情報によって，期末現在保有する棚卸資産を販売することによって得られる収入に関しては，ある程度予想することは可能であろう。しかし，さらに棚卸資産を追加で仕入れて販売するような継続的な事業活動から得られる純収入を予想することは困難である。

　また，損益計算書に記載されている収益および費用，さらにその差額としての利益からは，企業の当期における事業活動の状況を知ることができる。しかし，損益計算書のみではやはり限界がある。当期の利益を得るためにどれだけの資本が投下されているのかが分からないのでは，事業の収益性を知ることができないし，将来の事業のために必要な投資ポジションを有しているかについて知ることもできない。

　とくに，原価主義および実現主義によって特徴づけられる会計においては，貸借対照表と損益計算書を一対として作成開示することは不可欠である。全面的な時価評価を行って無形資産を含めたすべての資産および負債を計上するのであれば，貸借対照表のみで足りるとする考え方もできるが，その考え方ではすべての資産および負債について信頼性のある時価を市場から入手できるという前提が必要である。しかし，そのような仮定を設けることは現実

44　第3章　資本と利益

的ではない。

(2) キャッシュ・フロー計算書の導入

キャッシュ・フロー計算書（cash flow statement）は，広い意味での「資金計算書」（fund statements）の一種とみることができる。米国では，かつてインフレーションを背景に，資金収支に関する計算書を作成し，これを運転資本（＝流動資産－流動負債）の管理に役立てる実務が発展してきた。資金の概念としては，運転資本概念を採用することが多かった。

その後，米国では，「財政状態変動表」[3] が財務諸表体系を構成する一表として制度化される（作成開示が強制される）。この表では，資金概念として，総財務資源概念が採用されていた。運転資本概念による資金収支の状況に加えて，非資金取引（現物出資，転換社債の株式転換，非金融資産の交換など）の状況も開示されていた。これらの非資金取引も開示しなければ，財政状態の変動の全貌を知ることはできないと考えられていた。

しかし，その後財政状態変動表については，あまりにも広範な情報が含まれていて，かえって作成の目的があいまいになってしまったという問題が生じる。そこで登場したものが，キャッシュ・フロー計算書[4] である。

米国で導入されたキャッシュ・フロー計算書は，現金及び現金同等物という狭義の資金概念が採用されている。営業活動，投資活動及び財務活動といった，活動源泉別に区分表示される形式が採用され，今日では IFRS や日本基準でも採用された，一般的な様式になっている。

わが国でも，資金計算書を財務諸表の体系に含めるべきかについては，長く議論されてきた。証券取引法上は，資金繰り表とよばれる資金繰りの実績を表す計算書が財務諸表外の情報として提供されてきたが，1987 年に「事

3　Accounting Principles Board, APB Opinion No. 19, *Reporting Changes in Financial Position*, New York, NY: AICPA, 1970.

4　Financial Accounting Standards Board, Statement of Financial Accounting Standards No. 95, *Statement of Cash Flows*, Norwalk, CT: FASB, 1980.

3.2　財務諸表の体系　**45**

業活動に伴う収支」と「資金調達活動に伴う収支」に資金収支を区分した資金収支表が導入された（「証券取引法に基づくディスクロージャー制度における財務情報の充実について（中間報告）」（企業会計審議会第一部会小委員会，1986 年 10 月 31 日）参照）。

　その後，2000 年 3 月期から，キャッシュ・フロー計算書は，証券取引法（現在の金融商品取引法）上の財務諸表の体系に含まれるようになった[5]。他方，会社法上の計算書類には，キャッシュ・フロー計算書は含まれていない。

　わが国においては，伝統的に，上述のとおり，損益計算書と貸借対照表による主要財務諸表の体系が確立していた。資金計算書を財務諸表の体系に含めることについては，古くから主張されてきた[6]。計算構造的側面を重視する観点からは，貸借対照表における資本の変動状況を示した計算書が損益計算書であるのに対して，資金（現金）の変動状況を示した計算書が資金計算書であると位置づけられる。この考え方からは，資金計算書は，損益計算書と同等の位置づけが与えられるべきであると主張された。この主張は，キャッシュ・フロー計算書の制度化によって，現実のものとなる。

　現在，キャッシュ・フロー計算書を財務諸表体系に含める根拠は，その計算構造的側面よりも，むしろその機能的側面に求められる。投資家等の財務諸表利用者が企業の将来キャッシュフローの予測を行ううえで役立つ情報には，貸借対照表によって提供される企業の資源と債務に関する情報，損益計算書によって提供される企業の業績に関する情報と並んで，キャッシュ・フロー計算書によって提供される過去のキャッシュ・フローの状況に関する情報も含まれる[7]。

5　ただし，連結キャッシュ・フロー計算書を開示する場合，個別のキャッシュ・フロー計算書を開示する必要はない。

6　染谷恭次郎『財務諸表三本化の理論』国元書房，1983 年。

7　監査報告書には，通常，「当監査法人は，上記の連結財務諸表が，我が国において一般に公正妥当と認められる企業会計の基準に準拠して，○○株式会社及び連結子会社の平成×年×月×日現在の財政状態並びに同日をもって終了する連結会計年度の経営成績及びキャッシュ・フローの状況をすべての重要な点において適正に表示しているものと認める。」（監査・保証実務委員会実務指針第 85 号「監査報告書の文例」）とする監査意見（無限定適正意見）が

46　第 3 章　資本と利益

「連結キャッシュ・フロー計算書等の作成基準の設定に関する意見書」（企業会計審議会，1998 年 3 月 13 日）は，次のように述べている。

> 「『キャッシュ・フロー計算書』は，一会計期間におけるキャッシュ・フローの状況を一定の活動区分別に表示するものであり，貸借対照表及び損益計算書と同様に企業活動全体を対象とする重要な情報を提供するものである。
>
> わが国では，資金情報を開示する資金収支表は，財務諸表外の情報として位置付けられてきたが，これに代えて『キャッシュ・フロー計算書』を導入するにあたり，これを財務諸表の一つとして位置付けることが適当であると考える。
>
> なお，国際的にもキャッシュ・フロー計算書は財務諸表の一つとして位置付けられている。」

(3) 株主資本等変動計算書の導入

2005 年の会社法制定以前は，定時株主総会決議における利益処分と取締役会決議による中間配当のみが認められていた。個別財務諸表では，利益処分計算書が財務諸表の一つとされ，中間配当は損益計算書の未処分利益計算の区分において記載されていた[8]。

数次にわたる商法改正や会社法制定により，企業の資本構成が複雑化し，利益剰余金（および資本剰余金）の変動のみでは，資本（純資産）の変動の状況が説明できないようになってきた。

また，会社法の制定により，株主総会を開催すれば年に何度も剰余金の配当を行うことが可能となった他，自己株式を活用した株主還元も定着し，剰

述べられる。財政状態，経営成績およびキャッシュ・フローの状況を示す，貸借対照表，損益計算書およびキャッシュ・フロー計算書の制度的な位置づけを端的に表現している。

8　損益計算書においては，当期純利益の後に，未処分利益計算区分として，前期繰越利益が加算され，そこから中間配当額および中間配当に伴う利益準備金積立額が控除され，さらに一定の任意積立金の取崩額が加算されることによって，当期未処分利益が表示されていた。

3.2　財務諸表の体系　**47**

余金の分配について配当と自己株式取得にまたがる横断的な開示が必要となった。さらに，募集株式の一元的規制により，株式発行・消却と自己株式取得・処分を一元的に開示することも必要となった。

　このような事情から，**株主資本等変動計算書**が制度化されるに至っている。株主資本等変動計算書は，金融商品取引法上の財務諸表の体系に含まれる一表として作成・開示が要求され，会社法上作成すべき計算書類にも含まれている。株主資本等変動計算書は，株主資本を含む純資産を構成する各項目について，当期首残高から，期中増減額を加減して，当期末残高を表示する計算書である。これにより，純資産の変動の全貌を知ることができる[9]。とくに株主への配当等の分配額を知ることは，株主による将来キャッシュフローの予測にとって重要なことである。

　また，同時に，連結株主資本等変動計算書が，連結財務諸表の体系に加えられている。従前の連結財務諸表の体系においては，連結剰余金計算書が財務諸表の一つとされ，利益剰余金の変動（やがて資本剰余金の変動もあわせて開示するようになった）のみが記載の対象とされていた。連結財務諸表においても，上述したような純資産の増減項目が複雑化しており，連結株主資本等変動計算書を作成すべき必要性が認められるようになった。

(4) 包括利益計算書の導入

　利益に関する計算書は，従来，損益計算書のみであった。資本を増減させる項目は，（拠出や配当を除き）すべて損益計算書に計上されていた。

　しかし，主に金融商品の発達に伴って，特定の資産および負債を時価で貸借対照表に計上する一方で，時価評価差額を損益から除外する取扱いが増え始めた。資産および負債を時価評価することは，資本を増減させることにつながるが，それらの増減項目が損益計算書に記載されないという事態が生ずることとなった。このような会計処理は，わが国では資本直入処理とよばれ

9　この意味では，「純資産変動計算書」とすべきとも考えられるが，ASBJ は，純資産における株主資本の重要性を考慮して，「株主資本等変動計算書」とすることにしたと述べている。

48　　第 3 章　資本と利益

てきた[10]。

このような状況において，損益に計上されない（純利益に含まれない）評価差額の当期変動額を仮に計上したならば純利益の額がどうなるかということが関心事となる。とくに有価証券などの金融商品に生じた評価差額は，経営者が恣意的に売却（すなわち，利益の実現）の時期を操作することによって，純利益の調整が可能であるという問題（いわゆる益出しの問題）が指摘されていたので，評価差額の当期変動額を含めた利益は，このような益出しの影響を受けない客観的な利益指標となりうるとも指摘されていた。評価差額の当期変動額をも包含した利益が**包括利益**（comprehensive income）であり，これには，会計上認識されたすべての資産および負債の当期変動額が網羅的に利益に含まれることとなる[11]。

包括利益の開示に際しては，純利益に代えて包括利益のみを開示するのか，純利益と包括利益の両方を開示するのかが，議論されてきた。評価差額の当期変動額を含まない純利益は伝統的に有用な情報を提供してきたという経緯があり，これを開示しないことは利益情報の有用性を大きく損なうことになりかねない。現在では，純利益と包括利益の両方を開示するという考え方が定着している。両者の関係は，

> **包括利益＝純利益＋その他の包括利益**

と整理されている。すなわち，純利益は評価差額の当期変動額を含まないものとして位置づけ，純利益の外において評価差額の当期変動額を「**その他の包括利益**」として表示し，そのうえで純利益にその他の包括利益を加減することによって，当期の包括利益を表示するというものである。

10　現在では，時価評価差額等は，株主資本とは区別された純資産項目である「評価・換算差額等」の区分に表示される。このため，以前の資本直入処理は，純資産直入処理とよばれている。

11　もちろん，株主からの拠出や株主への分配は，資本を増減させるが，包括利益には含まれない。また，「包括」といっても，会計上認識された項目に限定されるので，包括利益に未認識の無形資産等の当期変動額が反映されたりはしない。

3.2　財務諸表の体系　**49**

包括利益を表示する計算書の様式としては，次の2つが認められている。

● いわゆる一計算書方式によって，「**損益及び包括利益計算書**」を作成し，純利益の表示に続いて，その他の包括利益を表示し，最終的に包括利益を表示する様式

● いわゆる二計算書方式によって，第一の計算書である損益計算書において純利益を表示し，別途第二の計算書である「**包括利益計算書**」を設け，そこで純利益からスタートしてその他の包括利益を表示し，最終的に包括利益を表示する様式

なお，貸借対照表上は，純利益として認識された金額は，利益剰余金に振り替えられるが，その他の包括利益として認識された金額は，利益剰余金からは区別され，「その他の包括利益累計額」に振り替えられる。

さらに，留意すべき点は，いったんその他の包括利益に含められた評価差額の当期変動額は，その後の資産の売却等によって，再び純利益に含められるという点である。資産の売却等の時点で純利益に含められるということは，評価差額の変動があった時点でその他の包括利益（ひいては包括利益）に加えられていることから，包括利益に2回認識されることを意味している。このようなダブルカウントを避けるために，資産の売却等があった時点において，それまでその他の包括利益として認識されていた評価差額の変動額の累計額をその他の包括利益から控除する操作が必要となる。このような操作は，**組替調整**（俗にリサイクリングともいう）とよばれている（3.6(3)で述べる）。

<u>IFRSにおけるノンリサイクリング処理</u>　　IFRSにおいても，純利益（profit or loss）と包括利益（comprehensive income）の並行開示が行われているが，一部の評価差額等については，いわゆるノンリサイクリング処理が行われている。

典型的には，株式等の公正価値で評価する資本性金融商品のうち，一部は公正価値の変動額を純利益ではなく，その他の包括利益において認識することを認めているが，いったんその他の包括利益において認識し

50　　第3章　資本と利益

た損益は，再び純利益において認識することは認められてない（IFRS 9
「金融商品」）。

　このようなノンリサイクリング処理が行われる背景には，リサイクリ
ング処理によって同一の損益が利益に関する計算書において2度認識さ
れてしまうこと，経営者の恣意的判断（金融商品の売却）によって利益
認識のタイミングが決まってしまうこと，といった利益の有用性の低下
に関する懸念がある。

3.3　資本維持論

(1) 名目資本維持論・実質資本維持論・実体資本維持論

　利益が資本の当期変動額として定義されるとしても，期末資本から控除さ
れる期首資本（または追加拠出・分配を調整した後の元入資本）の額をどの
ように測定すべきであるかという観点から，様々な利益計算が提唱されてき
た。この期末資本から控除される資本の額は「維持すべき資本」とよばれ，
維持すべき資本をめぐる利益計算の理論は，**資本維持論**とよばれている。資
本維持論では，利益は，次のように計算される。

> 利益＝期末資本−維持すべき資本
> 維持すべき資本＝期首資本±資本修正

　維持すべき資本は，企業活動を通じて回収しなければならない資本の額を
表しており，その額を超えて回収することができてはじめて利益が計上され
る。維持すべき資本をどのように考えるかについては，諸説あるが，一般に
は，**貨幣資本**（financial capital）と**実体資本**（physical capital）という2つの
資本観に大別される。貨幣資本説は，企業の資本を貨幣とみる考え方であり，
さらに貨幣の名目額たる名目資本説と貨幣の実質額（購買力）たる実質資本
説とに分かれる。これに対して実体資本説は，企業の資本をその生産能力と

3.3　資本維持論　**51**

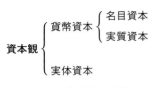

図表 5　資本観の分類

みる考え方である。以上を整理すると，図表 5 のようになる。
　このような資本観に対応して，それぞれの資本の維持を主張する資本維持論が展開されてきた。それぞれ，**名目資本維持論**，**実質資本維持論**および**実体資本維持論**とよばれる。一般に利益は分配の財源とされることから，これらの資本維持論は，分配可能な利益の額を限定することによって，それぞれ会計計算によって維持されるべき企業の規模を想定している。
　現在の企業会計では，名目資本維持論が採用されており，期末資本から控除される維持すべき資本は，物価変動の修正等を施さない期首資本の名目額である。名目資本維持論では，このような資本の名目額の維持のみが図られることになり，資本循環（資本の投下から回収に至る過程。例えば，商品の購入から売却までの過程を意味する）が完了するごとに価格変動の影響が損益に含められる。これに対して，実質資本維持論では，期首時点における資本が表現する貨幣の購買力を維持すべきであると主張される。維持すべき資本は，期首資本に物価指数等に基づいた修正が行われる。また，実体資本維持論では，期首時点における当該企業の物的生産能力を維持すべきであると主張される。この物的生産能力は，企業の資本の具体的表現である資産の個別物価によって表現されるとされ，維持すべき資本は，期首時点において企業が有する資産と同等の資産を期末において保有するならば必要となる再調達原価によって表現される。
　例えば，期首資本が 100，期末資本が 150 である企業を想定する。期中に一回の資本循環が完了しており，資産は再調達されているとする。名目資本維持論では，利益は，次のように計算される。

> 名目資本維持論における利益
> ＝期末資本−期首資本の名目額＝150−100＝50

　期末において期首資本を実質額（貨幣購買力）で測定する場合，物価指数による調整などが行われる。物価指数調整後の期首資本の額が110であったとすると，実質資本維持論における利益は，次のように計算される。

> 実質資本維持論における利益
> ＝期末資本−期首資本の期末時点における実質額＝150−110＝40

　さらに，期末において期首資本を生産能力で測定する場合，その測定は期末における再調達原価による。期首時点の生産能力を期末時点の再調達原価で測定し，その額が120であったとすると，実体資本維持論における利益は，次のようになる。

> 実体資本維持論における利益
> ＝期末資本−期首資本の期末時点における生産能力＝150−120＝30

　以上の例からも明らかなように，継続的なインフレーションを想定した場合，名目資本の維持だけでは，企業の生産能力が維持されない。上記の例でいえば，名目資本維持論で計算された利益50を分配してしまえば，期首時点の生産能力（期首時点では100であったが，期末時点において120と測定される）が維持されない。実体資本維持論では，企業の維持が会計の目的に織り込まれていることが多い。

（2）名目資本維持論における実体資本維持

　すでに述べたように，名目資本維持論では，継続的なインフレーション下において，企業の生産能力が維持できないという問題点がある。そこで，現実の実務で行われている名目資本維持論のもとにおいても，部分的に，実体資本の維持が図られるような仕組みが採用されてきた。

実体資本維持論では，すでに述べたように，維持すべき資本として，期首現在の生産能力を期末現在の再調達原価によって表現することによって，実体資本の維持を図っている。前項の例に従えば，期首資本を100，期末資本を150とする場合において，期末時点における期首現在と同等の生産能力を120とする。このとき，期末資本を構成する資産は，生産能力を表す資産（商製品や生産設備）が120，貨幣性資産が30となる。前項に示したように，実体資本維持論では，利益は次のように計算される。

> **実体資本維持論における利益**
> ＝期末資本−期首資本の期末時点における生産能力＝150−120＝30

　ここで，名目資本維持論において実体資本維持を実現するためには，むしろ期末資本を期首時点の個別価格によって測定しなければならない。上述の例でいえば，期末の生産能力を表す資産120を期首時点における評価額である100のままとする。これを前提とすると，名目資本維持論による利益は，次のようになる。

> 期末資本＝100＋30＝130
> **名目資本維持論における利益**
> ＝期末資本−期首資本の名目額＝130−100＝30

　このように，名目資本維持論においても，期首資本および期末資本を構成する資産の評価額を固定することによって，実体資本維持論の利益30を計算するような仕組みを構築することは可能である。

　具体的には，棚卸資産の評価方法として後入先出法を採用する場合があげられる。当期の回収額である収益に対して比較的新しい個別物価を反映した費用が対応させられることによって，利益計算上，実体資本の維持が図られている。期末資本は，期首に付されていた棚卸資産の単価をもとに決定されており，物価変動に起因する利益（紙上の利益）が当期の利益計算に含まれないようになっている。

54　第3章　資本と利益

同様に，取替資産に対して取替法を採用する場合もあげられる。取替法においても，当期の費用（収益的支出）として計上される額は，取替品に関する比較的新しい個別物価に基づいて測定されている。その一方で，取替資産自体は，継続して当初の取得原価によって測定され続け，物価変動に起因する利益は当期の利益計算には含まれない。

　耐用年数の長いインフラ資産を保有する企業（公益企業など）においては，取替法によらずに減価償却を行っていく場合には，当初の資産が取得原価のまま維持されていくわけではないので，インフレーションに起因する当該インフラ資産の価格の上昇によって，次の更新にあたって必要な資金が回収されないという問題が存在する。更新の資金が，通常，減価償却の手続によって利益計算の過程を通じて留保されていくが，名目資本維持論のもとでは，古い名目額だけが維持されていくので，次の更新のための資金が不足してしまう。このため，当該資産を定期的に再調達原価によって評価替えし，評価替えした後の金額に基づいて減価償却を行うことが主張される（評価差額は，期首資本の修正とされる）。このような減価償却を通じて，次の取替更新に必要な資金（再調達原価）を回収していくことが想定されている。

3.4　資本と利益の区別

(1) 区別の意義

　利益計算を正しく行うためには，資本と利益の区別を正しく行うことが必要である。一般に，株主（企業主）との直接的取引から生じる資本の増減（拠出と配当）は，利益計算から除外される。このような資本の増減は，企業活動の成果とは直接的には関係がないとされるからである。

　このことを損益法と財産法の両面からみると，次のようなことが指摘できる。まず，損益法によると「利益＝収益－費用」であることから，資本の直接的増減を収益または費用としてはならない。また，財産法によると「利

益＝期末資本－（期首資本＋拠出－配当）」であることから，資本の直接的増減は，期首資本の調整項目として扱われなければならない。ここで，「期首資本＋拠出－配当」は，単純な期末資本（＝期末資産－期末負債）と区別して，「期末元入資本」とよばれることもある。

わが国では，「企業会計原則」において，次のように述べられている（一般原則三）。

> 「資本取引と損益取引とを明瞭に区別し，特に資本剰余金と利益剰余金とを混同してはならない。」

ここでいう資本取引は，上述したように，利益の計算には含まれない株主等出資者との直接的な取引を意味している。損益取引は，収益または費用を生じさせる取引である。いずれの取引も，貸借対照表における資本（純資産）を増減させる取引であるが，資本取引と損益取引を区別することによって，企業の一期間の業績である利益に含まれる事象を限定することができる。

しかし，必ずしも資本と利益の区別は，自明のことではない。歴史的にも，かつて利益に含まれていた項目が資本の直接的増減項目とされることも，またその逆もあった。いくつかの例を示すと，次のとおりである。

A. 役員賞与

役員賞与は，会社法制定に伴う企業会計基準第4号「役員賞与に関する会計基準」（2005年11月）公表前は，商法上，株主総会の承認を要する事項であることから，利益処分計算書の記載事項とされ，損益計算書上の費用とはされてこなかった。

役員賞与は，会社から支払われるものであるが，株主へ支払われるべき配当の一部が役員に対しても支払われたものと考えれば，配当と同様，資本の直接的増減（対株主取引による増減）と考えることも理論的には可能であろう。

しかし，役員賞与が株主に支払われていないという現実に焦点を当てれば，

これを株主への分配としてとらえることは難しい。また，役員賞与を費用として利益の計算に含めないと，利益と資本のクリーン・サープラス関係（期末資本＝期首資本＋利益－配当）を満たさないことになる。配当と役員賞与は，株主にとっての企業価値の減少を意味するが，配当の場合は株主にとっては，企業価値の減少がインカムゲインとして還元されるが，役員賞与の場合は株主に直接的な還元はない。

　さらに，会社法のもとでは，役員賞与が必ずしも株主総会によって承認を要する事項とはされないことから，一律に利益処分項目として扱うことができなくなったという事情もある（会社法第361条第1項）。このような理由によって，役員賞与の会計処理は，現在，費用処理で統一されている。

B. 新株発行費

　新株発行費は，株式を新たに発行する際に支出する費用である。新株発行費の会計処理をめぐっては，新株発行に必要な費用と考えて支出時の財務費用（営業外費用）とする説（繰延資産とする説も含む）と，新株発行によって得られる正味の金銭等の額を減額させると考えて資本控除とする説とがある。

　「企業会計原則」では，資本取引と損益取引の区別の原則に関連して，「例えば，新株発行による株式払込剰余金から新株発行費用を控除することは許されない。」（注2）と述べており，新株発行費は資本控除ではなく，利益計算の項目すなわち費用として扱うことが示されている。

　一方で，新株発行によって企業が株主から拠出された金額は，実質的には新株発行費を控除した純額であることに着目し，新株発行費を資本（資本金または資本剰余金とすべき額）から控除するという考え方もある。この考え方では，新株発行費は，企業の業績を構成しないと考えられている。会社計算規則では，新株発行費（株式交付費）を資本控除する余地が示唆されている（第14条第1項第3号）ものの，一般に公正妥当と認められる企業会計の慣行においてその扱いが認められていないと解されることから，実務上，資本控除の扱いは行われていない。

3.4　資本と利益の区別　　**57**

株主優待費用　関連する問題として，株主優待制度によって株主に支給される当該企業の製品等の物品の提供に係る費用，すなわち株主優待費用の問題がある。

　一般には，これらの費用は，会計上も費用処理されている。しかしながら，これらの物品の提供が株主への配当の一種（現物配当）と考えられないわけでもない。また，株主優待制度も，多種多様であるので，それらの実態に即して利益計算に反映させるべきか，検討の余地があろう。

C. 自己株式の処分損益

　自己株式の処分損益についても，これを利益とするか資本とするか（すなわち，売却損益として損益計算書に計上するか，貸借対照表上の資本剰余金の増減とするか），議論がある。

　かつての商法においては，自己株式の取得は，実質的な資本の払戻しを意味することなどから，原則として禁止されていた。自己株式は，取得後遅滞なく処分することが求められ，処分損益は損益計算書に計上されていた。

　現在の会社法では，一定の手続のもと，自己株式の取得・保有が認められている。期末現在保有する自己株式は，貸借対照表の株主資本から間接的に控除する形式で表示することが求められている[12]。自己株式の取得は，株式の発行とは反対の取引であり，資本から控除されるべきものと整理されている。この資本控除説に従うと，自己株式の処分は，株式の発行と同列にとらえることができる。したがって，自己株式の処分からは，損益を発生させるのではなく，むしろ資本剰余金を調整することによって対処することとされている。

D. 株主からの贈与

　株主から資産の贈与を受けた場合，これを受贈益として処理するか現物出

12　かつては，自己株式の取得が実質的な資本の減少であるとみて，資本金を減少させる会計処理が主張されたこともある（額面法ないし資本金法）。株式と資本との関係が連動している制度のもとでは，このような議論を行う余地があるが，株式と資本との関係が切断された現行の会社法のもとでは，このような会計処理を行う余地はない。

58　　第3章　資本と利益

資（追加拠出）として処理するかが問題となる。

　贈与の場合には，新たに株式が交付されるわけではないので，通常，これを受贈益とすることには問題がないように思われる。

　しかし，株主が1人しかいないような例外的なケース（創業者株主のみのケース，100％親会社のケースなど）においては，現物出資財産の対価として株式を追加的に交付する意味がない（交付してもしなくても，100％保有していることに変わりはない）。このようなケースにおいては，受贈益として処理するか拠出資本の増加として処理するか，判断することが難しい。

（2）株主資本の内訳

A. 拠出資本と留保利益

　「企業会計原則」においては，資本取引と損益取引の区別に加えて，資本剰余金と利益剰余金との混同が禁じられている。資本取引と損益取引の区別が，企業活動をフローでとらえる段階で行われるのに対して，資本剰余金と利益剰余金の区別は，貸借対照表上のストックの表示の段階で行われるものである。「企業会計原則」では，「資本剰余金は，資本取引から生じた剰余金であり，利益剰余金は損益取引から生じた剰余金，すなわち利益の留保額であるから，両者が混同されると，企業の財政状態及び経営成績が適正に示されないことになる。」（注2）と述べている。資本剰余金と利益剰余金の混同の禁止は，ASBJの企業会計基準第1号「自己株式及び準備金の額の減少等に関する会計基準」においても，引き継がれている（第19項）。

　損益取引からは，利益が生じるのでその累積額としての利益剰余金が生じることは明らかである。しかし，利益剰余金の分配である配当については，利益計算から除外されることは明らかであるとしても，これを資本取引とするか損益取引とするかについて意見の分かれてきたところである。「企業会計原則」のいうように，資本剰余金が「資本取引から生じた剰余金」というのであれば，配当が資本取引に該当するとはいいにくい。利益計算から除外する株主との直接的取引を資本取引と解するのであれば，配当を行う取引も

3.4　資本と利益の区別　　**59**

資本取引に含まれることになる。

拠出資本・留保利益の区分と配当規制　会計実務においては，伝統的に，株主から拠出された拠出資本からは配当せず，企業活動によって稼得した留保利益から配当を行う，という考え方がとられてきた。会社法（商法）においても，資本充実の観点から，配当は留保利益から行うべきであるという考え方が一般的であった。拠出資本から配当することは，会社の財産的基礎を侵害する行為であり，厳に慎まれなければならないという考え方が，会計学においても会社法（商法）においても広く受け入れられてきた。

　しかし，1990年代において，それまで長年にわたって資本準備金が蓄積されてきた一方で，バブル経済の崩壊に伴う業績不振による留保利益の枯渇によって，上記のような伝統的な考え方が揺らぎ，一定の手続のもと，債権者の利益を侵害しない程度において拠出資本からの配当が認められるようになった。

　現行の会社法のもとでも，一定の手続のもと，資本金または資本準備金の額を減少させて，その他資本剰余金とすることができる（会社法第227条および第448条）。このようにして得たその他資本剰余金は，その他利益剰余金と同様，配当の財源とすることができる。

B. 企業会計基準第5号

　2005年における会社法の制定に伴い，会社法のもとでの貸借対照表における純資産の表示に関する会計基準が整備された（企業会計基準第5号「貸借対照表の純資産の部の表示に関する会計基準」2005年12月公表）。また，金融商品の発展に伴って，負債と資本の中間的な性格を有する発行金融商品の表示が問題となってきたことも，会計基準を整備する背景の一つとなっている。

　現行の**純資産**の表示の考え方は，次のように整理することができる。

● 資産から負債を控除した額として純資産を表示する。

- 純資産を，**株主資本**とその他の項目に区分する。株主資本は，株主に帰属する持分である。
- 株主資本においては，資本金と剰余金を区別する。また，剰余金は，源泉別に株主からの拠出額（拠出資本）を源泉とする資本剰余金と実現した利益の留保額（留保利益）を源泉とする利益剰余金に区別する。
- 会社法の規制による資本金および準備金を示す。資本剰余金のうち資本準備金とされないものをその他資本剰余金とし，利益剰余金のうち利益準備金とされないものをその他利益剰余金とする。

個別財務諸表においては，純資産は，図表6のように区分される。

まず，大枠として，資産から負債を控除した差額である純資産を定義する。純資産の大部分を占める株主資本は，株主に帰属する持分であり，当期純利益の計算の基礎となっている。すなわち，当期純利益は，株主資本の期中増加額である（ただし，株主との直接的な取引（追加出資・配当等）は除く）。

当期純利益＝期末株主資本－期首株主資本

純資産
- ● 株主資本
  - ● 資本金
  - ● 資本剰余金
    - ● 資本準備金
    - ● その他資本剰余金
  - ● 利益剰余金
    - ● 利益準備金
    - ● その他利益剰余金
      - ● 任意積立金
      - ● 繰越利益剰余金
  - ● 自己株式
- ● 評価・換算差額等
  - ● その他有価証券評価差額金
  - ● 繰延ヘッジ損益
- ● 新株予約権

図表6　個別財務諸表における純資産の分類

3.4　資本と利益の区別　**61**

株主資本は，**資本金**，**資本剰余金**および**利益剰余金**に区分される。資本剰余金は，さらに**資本準備金**と**その他資本剰余金**に，利益剰余金は，さらに**利益準備金**と**その他利益剰余金**に分類される。資本金と準備金として計上する金額については，後述するように，会社法の規制によって定められる。資本金と準備金から配当することはできず，その他資本剰余金とその他利益剰余金が配当可能な財源（処分可能額）となる[13]。

　その他利益剰余金については，会社が株主総会決議などを通じてその処分に制約を付した**任意積立金**と制約が付されていない**繰越利益剰余金**に分類される。

　自己株式は，会社が自己の株式を取得し，現在保有しているものであり，株主資本から控除する形式で表示する。

　評価・換算差額等は，いわゆる純資産直入法によって会計処理された項目であり，資産および負債の時価評価等に伴って生じた差額のうち，損益計算書に記載されない（ゆえに，当期純利益に含まれていない）ものである。貸借対照表においては，純資産に含められるものの，株主資本からは区別される。

　新株予約権は，その保有者が株式を引き受ける（または自己株式の交付を受ける）ことができる権利であり，発行する会社にとっては，新株予約権保有者の求めに応じて株式を交付する義務である。新株予約権は，義務ではあるものの，自ら株式を発行することによって経済的出捐を免れることができるので，負債とはされず，純資産の部に表示されるものの，株主資本からは区別される。

　<u>その他資本剰余金とその他利益剰余金の振替え</u>　　すでに述べたように，企業会計基準第1号では，資本剰余金と利益剰余金の混同が禁止されている。しかしながら，その例外も存在する。

　　第1は，その他資本剰余金の残高が負の値（マイナス）となった場合，

13　のれんや繰延資産については，別途の規制がある。

62　　第3章　資本と利益

会計期間末において，その他利益剰余金をもってその他資本剰余金のマイナスを補填することが求められている。この取扱いは，株主からの出資額を表す拠出資本を構成する各項目については，マイナスとしないという考え方に立脚している。確かに，会社法の規制により，資本金と資本準備金は，マイナスの額となることはない。しかし，その他資本剰余金をマイナスとするかどうかについては，議論がある。その他資本剰余金がマイナスであったとしても，例えば資本剰余金の全体がプラスであればよいとする考え方もある。

第2は，その他利益剰余金が負の値（マイナス）となった場合，その他資本剰余金をもってその他利益剰余金のマイナスを補填することが認められている（いわゆる欠損填補）。その他資本剰余金をもってしてもその他利益剰余金のマイナスを補填しえない場合，株主総会の特別決議および債権者保護手続によって，資本金または資本準備金を減少させて，これをその他資本剰余金とすることも可能であり（会社法第447条第1項および第448条第1項），増加したその他資本剰余金を追加的にその他利益剰余金のマイナスの補填に充てることができる。

連結財務諸表においては，純資産は，**図表7**のように区分される。

連結財務諸表においては，資本剰余金および利益剰余金の内訳を表示する必要はない（個別財務諸表の場合，それらの内訳は，会社法の規制と株主総会決議の結果を表示している）。個別財務諸表における評価・換算差額等は，連結財務諸表においては，「**その他の包括利益累計額**」として表示される。連結財務諸表においては，包括利益の開示が義務付けられており，連結包括利益計算書において，評価・換算差額等の当期変動額は，その他の包括利益（当期純利益には含まれないが包括利益には含まれる項目）として表示され，さらに，その他の包括利益として認識された項目は，連結貸借対照表においてその他の包括利益累計額として累計表示されることになる。

連結財務諸表においては，**非支配株主持分**が表示される。100％未満の持

3.4　資本と利益の区別　**63**

```
                  ● 株主資本
                    ● 資本金
                    ● 資本剰余金
                    ● 利益剰余金
                    ● 自己株式
                  ● その他の包括利益累計額
        純資産  ┤    ● その他有価証券評価差額金
                    ● 繰延ヘッジ損益
                    ● 退職給付に係る調整累計額
                    ● 為替換算調整勘定
                  ● 新株予約権
                  ● 非支配株主持分
```

図表 7　連結財務諸表における純資産の分類

分比率を有する子会社に対して，支配株主（親会社株主）以外の持分が生じるが，この持分が非支配株主持分として表示される。

(3) 出資者の範囲

　資本の拠出を認めることができる出資者（会計上の株主）の範囲も，資本と利益の区別の問題に影響する。出資者の範囲に含まれる資金提供者からの資金提供は，資本の拠出とされ，利益の計算からは隔絶される。資金提供に対する報酬（配当）は，資本の分配とされ，やはり利益への影響はない。出資者の範囲に含まれなければ，当該資金提供者からの資金提供は，通常，負債として扱われ，資金提供に対する報酬は利息（費用）として扱われる。

　株式という法的形式で資本の拠出を行う場合であっても，優先株式を発行する場合と普通株式を発行する場合とは，事情が異なってくる。とくに，優先配当を支払っても分配すべき額がある場合において，追加的に配当を受け取ることができない優先株式（非参加的優先株式），優先配当の全部または一部に不足が生じたときに当該不足額を次期に繰り越して支払うことができる優先株式（累積的優先株式），会社の意思（株主総会決議など）によって償還ができる優先株式（償還優先株式）には，むしろ社債としての性格が強

64　　第 3 章　資本と利益

く認められる。

　伝統的には，資本の拠出を認める出資者は，劣後する残余持分権者としての株主とされ，株主の持分が資本とされてきた。株主の持分は，他の優先する持分権者（債権者など）に財産を帰属させたうえでの残余持分である。残余持分としての資本が正の値であれば，他の優先する請求権者の持分も正のはずである。また，残余利益としての最終利益が計上される場合には，他の優先する請求権者への報酬（利息等）の支払いが行われているはずである。株主に帰属する残余持分としての資本や残余利益としての利益は，他の請求権者にとっても意味のある情報である。このような意味でも，株主の観点からみた資本と利益が，他の利用者の意思決定にとっても有用であると考えられている。

A. 子会社非支配株主

　子会社の非支配株主[14]については，資本を構成する出資者の範囲に含めるか否かについて議論がある。この問題は，連結主体論とよばれ，連結財務諸表上の資本として，親会社株主持分のみを認めるのか（**親会社説**），親会社株主持分のみならず子会社非支配株主持分も認めるのか（**経済的単一体説**）という問題として議論されてきた。

　子会社の非支配株主持分は，2013 年における企業会計基準第 22 号「連結財務諸表に関する会計基準」の改正前において，少数株主持分とよばれていた。企業会計審議会から 1975 年に公表された「連結財務諸表原則」は，親会社説に基づいて，親会社株主の観点から連結財務諸表が作成されるという立場をとっていた。このため，子会社の少数株主は，資本を構成する出資者の範囲からは除かれ，少数株主持分は，負債の部に表示されていた。その後，

14　従来，少数株主とよんでいた。子会社の範囲を持株基準によって決定するのであれば，過半数の持株比率を有する親会社に対して，他の株主は必然的に少数株主（minority shareholders）となる。現在では，子会社の範囲は支配力基準によって決定されるので，親会社は，子会社に対する支配を獲得しているものの，必ずしも過半数の持株比率を有しているわけではない。このため，他の株主は，非支配株主（noncontrolling shareholders）とよばれるようになった。

1997 年に改訂された「連結財務諸表原則」では，親会社説が継承されたが，少数株主持分は，負債と資本の中間において表示されることとされた。親会社株主持分と同様の扱いとはしないものの，通常の負債と同様の意味で現在の義務を表さないことから，このような中間区分を設けることとなった。

　さらに，2005 年の企業会計基準第 5 号「貸借対照表の純資産の部の表示に関する会計基準」の公表によって，少数株主持分は，新たに設けられた，資産から負債を控除した概念である純資産の部において表示されるものの，株主資本とは別の独立の区分として表示されることとなった。ここにおいても，少数株主持分は，親会社株主持分とは区分され，資本（株主資本）に含まれないという点で，純資産の部における表示も従来の親会社概念に立脚していると考えられていた。

　連結損益計算書における当期純利益の概念は，1975 年以来，少数株主に帰属する利益（少数株主利益）を控除した後の親会社株主に帰属する利益であった。すなわち，従来の（2013 年改正前）日本基準では，親会社説に基づいて，当期純利益は，親会社株主に帰属する利益とされ，少数株主損益は当期純利益を算出する過程で控除されていた（いわば，少数株主利益は，費用として扱われていた）。これに対して，現行の（2013 年改正後）日本基準では，当期純利益は，親会社株主および子会社非支配株主の両方に帰属する利益とされ，一計算書方式では，それぞれの株主に帰属する利益は内訳表示され，二計算書方式では当期純利益から「非支配株主に帰属する当期純利益」を控除して，「親会社株主に帰属する当期純利益」が表示される。

改正前

税金等調整前当期純利益	1,000
法人税，住民税及び事業税	300
少数株主利益調整前当期純利益	700
少数株主利益	100
当期純利益	600

改正後

税金等調整前当期純利益	1,000
法人税，住民税及び事業税	300
当期純利益	700
非支配株主に帰属する当期純利益	100
親会社株主に帰属する当期純利益	600

　このような取扱いの変更について，ASBJ は，親会社説から経済的単一体説への転換を明示しているわけではなく，むしろ IFRS 等における「当期純利益」（親会社株主と子会社非支配株主に帰属する当期純利益を意味する）との比較可能性を高めることが主たる目的であったと説明している。

　関連して，子会社株式の追加取得に伴って生ずる取得持分と取得対価との差額の処理が問題となる。従来の日本基準では，子会社株式の追加取得は，親会社株主による子会社少数株主持分の取得ととらえられ，取得持分と取得対価との差額は，のれん（最終的には償却を通じて費用）として処理された。これに対して，現行の日本基準では，子会社株式の追加取得は，非支配株主持分から親会社（支配）株主持分への（株主持分間の）振替えであり，減少する非支配株主持分と非支配株主に対して支払った対価との差額は，資本剰余金の増減として処理される。

　また，子会社株式の一部売却（支配の喪失を伴わないケース）についても同様の議論がある。従来の日本基準では，子会社株式の一部売却は，親会社株主による子会社非支配株主に対する親会社株主持分の売却ととらえられ，売却持分と売却対価との差額は，売却損益として処理された。これに対して，現行の日本基準では，子会社株式の一部売却は，親会社株主持分から非支配株主持分への（株主持分間の）振替えであり，増加する非支配株主持分と非支配株主から受け取った対価との差額は，資本剰余金の増減として処理される。

　さらに，時価発行増資等に伴う持分変動差額についても，同様の議論があ

る。

このような持分変動差額の処理についても，従来の会計処理では，子会社株式を一部売却したが短期間のうちに再取得するようなケースにおいて，子会社株式の売却損益を恣意的に計上できるといった実務的な問題があり，これに対応することも一つの改正の理由とされている。

B. 新株予約権保有者

現行の日本基準では，新株予約権は，株主資本以外の純資産の項目とされている[15]。新株予約権保有者は，厳密には株主ではないので，彼らに帰属する資本は，株主資本を構成しないと考えられている。したがって，新株予約権の発行時においては，拠出資本とはされず，新株予約権の保有者が権利を行使し，株式の交付を受けて株主となった時点で，新株予約権の対価は拠出資本（資本金または資本準備金）に振り替えられる。また，新株予約権が権利行使されずに消滅した場合には，（株主に帰属すべき）利益に戻し入れられる。

他方，IFRSでは，新株予約権は，その発行の時点で資本として扱われる。したがって，新株予約権の権利行使や消滅の時点では，特段の会計処理は（資本内の科目間の振替えを除き）行われない。

なお，日本基準においては，企業が自己新株予約権を取得した場合，これは新株予約権の額から控除される。また，自己新株予約権を処分した場合の処分損益は，損益計算書に計上される。資本として扱われる株式（自己株式）を取得した場合には株主資本からの控除として扱われるので，両者の会計処理は対照的である[16]。

15　かつて（2005年における企業会計基準第5号公表前）は，新株予約権は，権利行使の有無が確定するまでは，その性格が確定しない仮勘定の性格を有するものとして負債の部において表示されていた。

16　いわゆる1円ストックオプションのように，権利行使価格が極めて低い新株予約権の取扱いなども問題となる。このような新株予約権は，株式と極めて類似する（もちろん，配当を受ける権利などはなく，相違点も依然として存在する）。

68　　第3章　資本と利益

3.5 利益の持続性

（1）ビジネスモデルと利益の持続性

　現金収支を期間的に再配分することによって利益を計算する発生主義会計のもとにおいては，利益に（単純な現金収支よりも）高い持続性が備わっているとみることができる。持続性の高い利益は，利用者が当該企業の将来のキャッシュフロー創出能力を予測するうえで高い有用性を有している。

　企業のビジネスモデルには，一定の持続性がある。会計は，このようなビジネスモデルの持続性を利用して，持続的な利益の開示を行っている。したがって，コアとなるビジネスモデルと無関連な活動から生ずる周辺的・臨時的な損益は，コアとなる営業活動からの利益と区別して開示することが重要である。

　<u>当座企業と継続企業</u>　　会計が表現の対象とする企業には，様々な形態があり，分類の方法も多様であるが，一つの分類として当座企業と継続企業という分類がある。

　　当座企業とは，例えば一航海ごとというように，特定の企業活動の完了をもって解散するような企業（冒険企業などともいう）である。継続企業は，特段の事情がなければ，半永久的に継続するような企業活動が想定される企業である。

　　当座企業と継続企業が行う会計には，おのずと違いが生じる。当座企業は，事業の完了をもって決算を行い，残余財産を出資者に分配すれば足りる。一方，継続企業の場合には，暫定的な報告が必要となるため，企業活動を会計期間に人為的に区分し，そのうえで，会計期間ごとにフローとストックの報告を行うことになる。現代の会計は，このような継続企業を大きな前提として組み立てられている。

　　継続企業の前提を外さないまでも，ビジネスモデルには様々なものが

存在している。年々の活動が何十年経っても変わらないようなビジネス
モデルもあれば，いつ終焉してしまうか分からないようなビジネスモデ
ルもある。持続性が高いビジネスモデルであれば，歴史的原価主義に基
づいたフローとストックを用いた会計の枠組みが適するが，持続性が低
いビジネスモデルについては，時価評価されたストックを用いた会計の
枠組みが適すると考えられる。

(2) 当期業績主義と包括主義

損益計算書の最終利益（ボトムライン）である当期純利益は，すでに述べ
たような資本と利益の関係に基づき，期首資本と期末資本との差額とするこ
とが自然である。しかし，そのように考えた場合，持続性の乏しい損益を当
期純利益に含めてよいかという問題が生じる。

企業の非反復的・臨時的な活動から生じる損益（臨時損益）については，
これをボトムラインたる当期純利益から除外すべきとする考え方がある。こ
の考え方は，当期純利益を当期の業績とみられる収益および費用のみから構
成されるものとみることから，**当期業績主義**（current performance concept
of income）とよばれ，臨時損益は期間外損益として損益計算書の外（剰余金
計算書など）において資本に加減される。

しかしながら，当期業績主義によって利益計算を行う場合，経営者が当期
純利益に含めたくないと思う損益項目を期間外損益とすることによって，当
期純利益の恣意的な操作が可能となってしまうという問題が生ずる。

このため，すべての収益および費用は，損益計算書に記載されるべきであ
るとする**包括主義**（all-inclusive concept of income）が主張されるように
なった。また，包括主義においても，損益の段階的な区分表示を行うことに
よって，臨時損益を除外した利益（経常利益。当期業績主義における当期純
利益に相当する）をあわせて開示することができる。

　プロフォーマ利益　　プロフォーマ利益（pro-forma earnings）とは，企

70　　第3章　資本と利益

業が IR（investor relations）活動（投資家との対話）の一環として，自らが経営管理のために用いている利益を自主的に開示するものである。このプロフォーマ利益は，しばしば会計基準が要求する利益（GAAP earnings）とは異なるものである。代表的なプロフォーマ利益には，NOPAT（net operating profit after taxes；税引後営業利益），EBITDA（earnings before interest, taxes, depreciation and amortization；利息・税・減価償却費・償却費控除前利益）などがある。これらのプロフォーマ利益は，企業が実際の経営判断に用いている利益であり，さらに投資家にとって企業評価により直接的に役立ちうる指標といわれている。

　これらのプロフォーマ利益は，しばしば，GAAP 利益よりも有用性が高いと主張されることもあるが，企業が自ら定義しうる利益であり，また監査の対象でもないことから，外部の投資者が利用するにあたっては信頼性の面などで一定の留意が必要である。

（3）特別損益区分

　当期純利益の表示に加え，臨時損益を「特別損益（extraordinary gains or losses）」などとして他の損益項目と区別することによって企業の主たる営業活動から生ずる利益（経常利益または営業利益など）を表示することは，利益情報の有用性を高めることになると考えられる。

　しかし，臨時損益を他の損益と区別して開示することには，経営者の恣意性が関与する余地が大きく，その結果開示される純利益の小計たる各種の利益は，利用者をミスリードする可能性がある。例えば，日本企業が表示する特別損失は，特別利益の額を大きく上回っており，そのギャップが拡大してきたといわれている。このような傾向は，減損処理等の保守的な会計処理を求める会計基準が増えてきていることも背景にあるが，経営者が特別損失の額を増加させることによって，経常利益を増加させたいというインセンティブが働いているとも考えられる。

このような背景もあって，IFRS では，特別損益区分の表示が禁じられている[17]。例えば，（しばしば巨額となる）減損損失なども，営業利益を構成するものとされる。

なお，IFRS では，非継続事業から生じた損益は，継続事業から生じた損益と区別して表示される[18]。その意味では，IFRS においても持続性の乏しい損益が他と区別して表示されている。

(4) 会計上の変更

会計上の変更も，利益のトレンドを損なう可能性のある問題である。会計上の変更に伴う累積的影響額は，かつての日本基準では，前期損益修正項目として特別損益の区分に表示されていた（「企業会計原則注解」注 10）。

現行の日本基準では，2009 年に公表された企業会計基準第 24 号「会計上の変更及び誤謬の訂正に関する会計基準」により，**会計上の変更**は，会計方針の変更，見積りの変更，および表示方法の変更に分類され，また，誤謬の訂正とは切り離されることとなった。会計方針の変更は，過年度の財務諸表を遡及修正する**レトロスペクティブ方式**（retrospective approach）により，また会計上の見積りの変更は，当期または将来の期間における財務諸表に反映させる**プロスペクティブ方式**（prospective approach）によって処理される。いずれにしても，損益計算書に前期損益修正項目が表示されることはない。

過去に行った見積りとその後実際に生じた実績との間に差がある場合，その差が過去に行った見積りが誤っていたことに起因するものなのか，それともその後に生じた新たな事象に起因するものなのか，区別することは困難である。新たに発生した事象については，当然，発生した期間において会計処理を行うことから，見積りの変更についても変更を行った期間（または将来

17　米国基準では，特別損益の表示は認められているが，表示が認められている項目は非常に限定されている。

18　日本基準に従って計上される特別損益の一部は，IFRS では非継続事業から生じた損益に含まれるであろう。

72　第 3 章　資本と利益

の期間）において会計処理を行う必要がある。逆に，過去の見積りに誤謬があったと判断される場合には，過去の財務諸表の修正再表示が必要となる。

これらの方式の他にも，見積りの変更に伴って生じる過去の累積的影響額を変更を行った期間において認識する**キャッチアップ方式**（catch-up approach）がある。この方式によると，一時的な損益が計上されることから，利益の期間的な比較可能性が損なわれることになる。なお，引当金に関する見積りの変更は，変更を行った期間において財務諸表に反映されることから，実質的には，キャッチアップ方式を採用した場合と同様の結果が得られることになる。ただし，その修正額は，従前の引当金繰入額を計上した表示区分（営業損益，営業外損益または特別損益）において表示される。

減価償却方法の変更は，会計方針の変更と見積りの変更とを区別することが困難なケース，あるいは減価パターンに関する見積りの変更を行った結果として会計方針の変更を行ったケースに該当すると説明され，見積りの変更の場合と同様，プロスペクティブ方式により，変更による影響額を当期または将来の期間における財務諸表に反映させることとされている。

3.6　クリーン・サープラス関係

（1）2組のクリーン・サープラス関係

すでに述べたように，クリーン・サープラス関係とは，「期末資本＝期首資本＋利益－配当」を満たす関係であり，資本の増減はすべて[19]利益計算を通じて生じるものであり，最終的にはすべての利益が配当によって株主に還元されることを含意している。

わが国の会計実務では，このようなクリーン・サープラス関係を満たす資本と利益は，2組存在する。すなわち，「株主資本と純利益」と「純資産と

19　株主からの資本の追加拠出等は除く。

包括利益」である。

　純利益は，株主資本の当期増減額（ただし，株主との資本取引から生ずるものを除く）である。純利益は，その認識にあたって実現主義が用いられ，投資のリスクから解放された投資の成果としての意味が与えられる。

　包括利益は，純資産の当期増減額（ただし，株主との資本取引から生ずるものを除く）と定義される。純資産には，特定の資産および負債の時価評価等に伴う評価・換算差額等も含まれるため，包括利益には，株主資本の当期増減額である純利益に加えて，評価・換算差額等の当期増減額である「その他の包括利益」（other comprehensive income；OCI）も含まれる。

　連結財務諸表においては，現在，株主資本と当期純利益はクリーン・サープラス関係にはない。2013年改正後の企業会計基準第22号「連結財務諸表に関する会計基準」では，当期純利益が（親会社株主と子会社非支配株主を含めた）株主帰属利益として定義されている。株主帰属利益に対応する資本は，（親会社株主に帰属する）「株主資本」と「非支配株主持分のうちその他の包括利益累計額を除く部分（すなわち，非支配株主持分のうちの株主資本とでもいうべき部分）」であるが，この資本の額は連結財務諸表からは直ちに知ることができない。むしろ，株主資本とクリーン・サープラス関係にある利益は，（改正前の当期純利益である）「親会社株主に帰属する当期純利益」である。

　　決算短信における自己資本当期純利益率　　「資本」という語は，もともと多義的である。本書では，主に「資本と利益」という文脈で用いているが，その場合は成果（フロー）を生み出す資源（ストック）を意味している。

　　この他にも，「資本」は，株主から拠出された財産の額という意味でしばしば用いられている。この意味が上記の「資本と利益」の文脈と結びつくとき，株主から拠出された資本から株主に帰属する利益が生み出されるという，企業会計の基本的な仕組みを表現することになる。

現行の企業会計基準では，株主に帰属する資本は「株主資本」とよばれているが，従来から「自己資本」という表現もある。自己資本は，負債を示唆する他人資本と対になる概念である。

　また，東京証券取引所が規制する「決算短信」の制度では，「自己資本当期純利益率」を開示することが求められている。自己資本当期純利益率は，自己資本に対する親会社株主に帰属する当期純利益の比率であり，（親会社）株主に帰属する資本に対する（親会社）株主に帰属する利益の比率を計算しようとするものである。

$$自己資本当期純利益率＝\frac{親会社に帰属する当期純利益}{（期首自己資本＋期末自己資本）÷2}×100$$

なお，ここでいう，自己資本は次のように定義される。

自己資本＝純資産合計−新株予約権−非支配株主持分

すなわち，

自己資本＝株主資本＋評価・換算差額等

　このように，自己資本は，株主資本に評価・換算差額等（連結財務諸表の場合は，その他の包括利益累計額）を加算した金額となっている。

(2) その他の包括利益

　以上のような2組のクリーン・サープラス関係を1組の財務諸表体系に収容するためには，ストックの表示とフローの表示の両面において工夫が行われている。

　まず，ストックの面では，株主資本と純資産には，次のような関係がある[20]。

純資産＝株主資本＋その他の包括利益累計額

20　なお，ここでは，非支配株主持分と新株予約権はないものと仮定している。

3.6　クリーン・サープラス関係　　**75**

「その他の包括利益累計額」（accumulated other comprehensive income；AOCI といい，個別財務諸表上は，評価・換算差額等として表示されるものである）には，次のようなものが含まれる。

● その他有価証券評価差額金
● 繰延ヘッジ損益
● 土地再評価差額金
● 為替換算調整勘定（連結のみ）
● 退職給付に係る調整累計額（連結のみ）

これらのうち，その他有価証券評価差額金と繰延ヘッジ損益は，資産または負債の毎期の時価評価の結果生じた評価差額である。土地評価差額金も，土地再評価法に従って土地の再評価を行った結果生じたものであるが，時限立法によりその認識は一度限りのものであり[21]，現在，土地の再評価は継続的に行われるものではない。為替換算調整勘定は，在外子会社の資産および負債を決算日の為替相場によって換算することによって生じた換算差額である。退職給付に係る調整累計額は，退職給付債務および年金資産の測定において生じた数理計算上の差異の未償却額と給付水準の変更に伴う過去勤務費用の未償却額（純損益への未振替額）である。

　これに対して，フローの面では，包括利益と純利益の間には，次のような関係がある。

　　包括利益＝純利益＋その他の包括利益

包括利益が純資産の当期増減額，純利益が株主資本の当期増減額であることから，その他の包括利益は「その他の包括利益累計額」の当期増減額を意味する。その他の包括利益の発生原因は，上述した「その他の包括利益累計額」の各項目の期中増減である。

21　「土地の再評価に関する法律」（平成 10 年 3 月 31 日法律第 34 号，最終改正平成 17 年 7 月 26 日法律第 87 号）。

76　　第 3 章　資本と利益

(3) 組替調整（リサイクリング）

　包括利益の認識は，実現主義に基づく純利益の認識に先行して，一部の資産および負債について時価評価等を行うことによって行われる。したがって，同一の資産・負債の変動項目は，タイミングの違いはあっても，包括利益と純利益のそれぞれにおいて認識が行われる。

　図表8は，資産・負債の変動がどのようなプロセスを経て，包括利益および純利益として認識されているかを示している。資産・負債の変動（交換取引による場合を除く）は，会計上認識された場合[22]，直ちに包括利益に含まれ，貸借対照表上は純資産に含まれる。このうち，さらに実現した利益と認められる資産・負債の変動のみが，純利益に含まれ，貸借対照表上は株主資本に含まれる[23]。包括利益には含まれていたが，純利益には含まれない項目

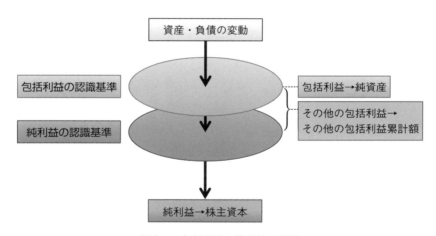

図表8　包括利益と純利益の認識

22　例えば，商品100の販売によって現金150を受け取った場合，正味で50の資産が増加する。また，その他有価証券300の時価の上昇を20認識した場合，正味で20の資産が増加する。これらの正味の資産（負債）の増減は，直ちに包括利益に含まれる。

23　上記の例でいえば，商品の販売によって生じた50の資産の増加は，純利益に含まれるが，その他有価証券の時価上昇に伴って生じた20の資産の増加は，純利益に含まれない。

は，当期のその他の包括利益であり，貸借対照表上は，その他の包括利益累計額に含まれる。

その他の包括利益として認識された項目は，実現した利益と認められる時点において純利益として再度認識される。いったんその他の包括利益において認識された項目が純利益として認識された場合，そのままでは包括利益に含められてしまうので，特段の処理を行わないと，当該項目は，その他の包括利益を経由して包括利益として認識されたうえに純利益を経由して再度包括利益として認識されるという形で，2度認識されることになってしまう。このような場合において，過年度においてその他の包括利益として認識された金額を純利益として認識する時点において取り消す処理が必要となる。この会計処理は，**組替調整**（reclassification adjustment；リサイクリングともいう）とよばれている。このような組替調整の仕組みを踏まえて，包括利益と純利益との関係を再述すると，次のようになる。

包括利益＝純利益＋その他の包括利益
　　　　＝純利益＋（その他の包括利益当期発生額－その他の包括利益組替調整額）

組替調整額は，いったん過年度の包括利益において認識された損益項目を純利益として認識する年度の包括利益から除外する項目である。以上の関係をイメージで示したのが，**図表9**である。

図表9　その他の包括利益の当期発生額と組替調整額

すでに述べたように，包括利益の方が早い段階で認識されるので，純利益に先行して認識が行われる。包括利益が純利益に先行する部分が「その他の包括利益（OCI）当期発生額」であり，純利益が包括利益にキャッチアップする部分が「その他の包括利益（OCI）組替調整額」である。

さらに，数値例を示すと，次のとおりである。すなわち，原価 100 のその他有価証券の時価が第 1 期末において 120，第 2 期末において 150 であり，第 2 期末において当該有価証券を売却したとする。第 1 期および第 2 期における純利益と包括利益は，図表 10 のようになる。

	第 1 期	第 2 期
純利益	0	50
包括利益	20	30

図表 10　数値例——純利益と包括利益

第 1 期および第 2 期における純利益と包括利益の関係は，それぞれ次のようになる。

> 第 1 期：包括利益 20＝純利益 0＋その他の包括利益当期発生額 20
> 第 2 期：包括利益 30
> 　　　　＝純利益 50＋その他の包括利益当期発生額 30－組替調整額 50

ここで，組替調整額は，第 1 期および第 2 期においてその他の包括利益として認識された金額の合計額である（20＋30＝50）。

日本基準では，すべてのその他の包括利益項目は，リサイクリングされてその後の年度において純利益として認識される。IFRS では，特定の持分証券に係る時価評価差額および退職給付に係る数理計算上の差異をある年度のその他の包括利益として認識した場合，その後の年度において，いったんその他の包括利益として認識された項目について純利益へリサイクリングする処理が行われない（その分だけ日本基準による場合と比べて，純利益の額が異なることになる）。したがって，IFRS による純利益は，クリーン・サープ

3.6　クリーン・サープラス関係　　**79**

ラス利益ではなくなってしまう（この現象をもって「純利益の経常利益化」などということもある）。

章 末 問 題

正 誤 問 題

わが国の会計制度または会計基準に基づいて，次の文章の正誤を答えなさい。

- 損益計算書は，包括主義に基づいて作成される。
- 新株予約権は，負債ではなく，株主資本に含めて表示される。
- 先入先出法は，企業の実体資本の維持に役立つ棚卸資産の評価方法である。
- 新株発行費は，営業外費用として処理する方法の他に，払込資本から控除する方法も認められている。
- 特別損益の区分には，会計方針の変更に伴う累積的影響額が表示される。
- 土地評価差額金は，毎年度土地の再評価を実施する企業の純資産に計上されるものである。
- ヘッジ会計の適用によって生じた繰延ヘッジ損益は，ヘッジ開始後一定の期間にわたって規則的に純利益に振り替えられる。
- 子会社の時価発行増資に伴って生じる持分変動差額は，資本剰余金の増減として処理される。
- 連結財務諸表における当期純利益は，親会社株主のみに帰属する利益であり，非支配株主に帰属する利益は除かれている。
- 包括利益の開示は，毎事業年度の連結財務諸表の作成に限られており，個別財務諸表においても四半期連結財務諸表においても開示されない。

研 究 問 題

- 貸借対照表と損益計算書の関係について述べなさい。
- 次の取引の会計処理について説明しなさい。
    - ・自己株式の売却
    - ・自己新株予約権の売却
    - ・親会社による子会社株式の売却（支配を喪失しない場合と喪失する場合がある）
    - ・子会社による親会社株式の売却
- 会計上の変更について説明しなさい。

80　　第3章　資本と利益

- その他の包括利益には，どのような項目があるか説明しなさい。

ケーススタディ

- わが国の企業の損益計算書においては，特別利益の額に比べて特別損失の額が著しく大きいといわれている。このような現象がなぜ生じるのか，論述しなさい。
- 鉄道業における耐用年数の長い鉄道資産は，減価償却を通じて必要な更新資金を調達するため，再調達原価によって再評価すべきであるといわれている。この主張について，論評しなさい。
- その他有価証券については，その売却のタイミングを恣意的に操作することによって，売却益を認識する期間を経営者の裁量で選択できるという問題点が指摘されている。このため，過年度においてその他の包括利益として認識した評価益は，売却益に含めるべきではないと主張されることがある。この主張について論評しなさい。

第４章

収益認識と実現主義

本章の論点

論点 4.1：収益とは，企業活動の成果であり，資産の増加または負債の減少，ひいては資本の増加をもたらす（ただし，株主との直接的な取引から生じるものを除く）ものである。

論点 4.2：収益は，企業活動の規模を表す指標であり，その総額で認識される。

論点 4.3：収益は，実現主義に基づいて認識される。具体的には，財またはサービスの提供と対価の受取りがある販売の時点において，収益は認識される。

論点 4.4：工事契約については，成果の確実性が認められる場合（とくに進捗度を信頼性をもって見積もることができる場合），工事進行基準に基づいて，収益の認識が行われる。

論点 4.5：新しい「収益認識に関する会計基準」では，契約の中に含まれる履行義務を識別しなければならない。収益は，履行義務の充足に応じて，一時点においてまたは一定の期間にわたり認識される。

4.1 収益の意義と分類

収益（income または revenue）は，企業活動の成果であり，資産の増加または負債の減少，ひいては資本の増加をもたらす（ただし，株主との直接的な取引から生じるものを除く）ものである[1]。

収益は，その源泉たる活動別に，主たる営業活動から生ずる営業収益，財務活動等の主たる営業活動以外の活動から生ずる営業外収益，その他臨時的な活動から生ずる特別利益に区別される。

営業収益は，損益計算書のトップライン項目であり，当該企業の事業規模の指標となる。利用者は，予想される営業収益にマージン（売上高営業利益率等）を乗ずることにより，営業利益を推定することができる。

営業収益は，企業に流入するフローである[2]。したがって，その測定は，収入額（対価）を基礎とする。例外的なケースを除き，時価評価は行われない。

なお，収益（広義）を，反復的な活動から生じる収益（狭義の収益。revenue）と非反復的な活動から生じる利得（gains）とに区分する考え方もある。

---

1 この定義によると，収益は，資産の増加または負債の減少をどのように認識するか，さらに資本をどのように定義するかに依存することになる。例えば，ある資産または負債を時価評価するか否か，資本の範囲に含める出資者の持分をどのように画定するかに依存する。とくに，収益の定義に際して，収益から費用を控除した利益として，包括利益を想定しているのか，純利益を想定しているのかは，重要な問題である。純利益を想定して収益を定義する場合，その他の包括利益からの組替調整によって純利益の増加をもたらす項目も収益に含まれる。
2 業種によって，営業収益の内容は大きく異なる。例えば，金融業などにおいては，資産および負債の時価の変動が営業収益ととらえられる場合もある。

4.2 総額主義

　営業収益の損益計算書における表示に際しては，その大きさが事業規模を表すように，一般に，総額主義が適用される。損益計算書において収益と費用を相殺して表示すること（純額主義）は，一部の収益と費用に関する情報が失われることになる。

　他方において，受託者（代理店）として受託販売を行っている場合などでは，顧客に販売した金額を受託者（代理店）が営業収益として計上することは不適切である。この場合，受託者は，受託販売に際して受け取る手数料の獲得を目的に事業を行っているから，受取手数料の部分のみを営業収益として計上すべきである。

　実際には，通常の販売に該当するか受託販売に該当するかどうかを判断することが難しいケースも多い。一般に，当該商品の最終販売に係るリスク（在庫リスクや代金回収リスク）を負担する場合には，販売店としての通常の販売に該当すると考えて営業収益を総額で計上するが，販売に係るリスクを負担しない場合には，受託販売に該当すると考えて受取手数料のみを純額で計上する。

　また，トレーディング目的で商品を売買する場合においても，販売金額を営業収益に総額で計上することは適切ではない。トレーディングは，購入市場と販売市場との間に区別がなく，主たる営業活動として売買を繰り返すことから，その購入金額と販売金額は実際の事業規模を適切に表現しない（過大になりがちである）。このため，トレーディング目的で商品を売買する場合には，トレーディング損益のみを純額で営業収益として表示することが適切である。トレーディング目的で保有する商品には，時価会計が適用され，商品の期末棚卸高は時価評価される。時価評価損益は，売買損益と区別されず，トレーディング損益に含められる。

4.3 実現主義

(1) 実現主義の意義

　収益の認識にあたっては，一般に**実現主義**（実現基準）が適用される。実現主義は，財または用役を提供し，その対価として貨幣性資産（現金および売上債権）を受け取った時点において収益を認識する基準である。典型的に，このような収益の実現は，財または用役を販売した時点であるから，実現主義は，より具体的に**販売基準**とよばれることも多い。

　実現主義は，収益の認識に確実性（不可逆性）を与える認識基準である。収益の認識を確実に行うためには，収益稼得プロセスにおける重要なリスクが解消されていなければならない。具体的には，契約の解消や返品のリスクがほとんどなくなっていなければならない。一般に，代金回収のリスク[3] については，別途，貸倒引当金を設定するなどの会計処理を行っている。

　実現主義の他にも，特定の業態においては，現金主義（現金基準）や発生主義（発生基準）も採用されている。例えば，割賦販売については，割賦債権の回収に時間を要し，貸倒リスクが高いため，収益の認識をより慎重に行うためには割賦債権の回収を待って収益の認識を行う現金主義（回収基準）が認められている[4]。また，金融業などにおいては，利息収益を時間の経過に基づいて計上するが，この会計処理は発生主義が適用されたものといわれている（時間基準）。

(2) 発送基準と検収基準

　さらに販売基準を適用するに際しても，①売主が商品を発送した時点，②

3　収益の認識にあたっては，ある程度の代金回収のリスクは許容されている。商品の販売を行うということは，代金の回収のリスクが小さいと見込んでいるはずであるとの前提がある。

4　回収期限の到来をもって収益の認識を行う回収期限到来基準（権利確定基準）も認められている。なお，企業会計基準第29号「収益認識に関する会計基準」によって，回収基準および回収期限到来基準は認められなくなる。

売主から買主（顧客）へ商品の引渡しが行われた時点，または③買主が商品を検収した時点のいずれの時点において収益を認識するのかという問題がある。それぞれ，①の発送の時点において収益を認識する基準を**発送基準**（出荷基準），②の引渡しの時点において収益を認識する基準を**引渡基準**，さらに③の検収の時点において収益を認識する基準を**検収基準**という。①→②→③の順で，収益の認識のタイミングが遅くなるため，収益の認識をより慎重に行うことになる。

わが国の実務においては，商品の発送の時点において，ほぼ契約の解消や返品のリスクがなくなっていると一般に考えられているため，発送基準が広く採用されてきた。返品のリスクがある場合であっても，発送基準を採用しながら，返品調整引当金を設定する場合もある。これに対して，IFRSでは，資産（商品）に対する支配の移転が重視されており，返品のリスクがほぼなくなっていることが必要とされている。このため，実質的には，IFRSに従った収益の認識は，検収基準によらなければならないといわれている[5]。

(3) 返品調整引当金

わが国においては，再販制度などの慣行により，比較的自由に小売業者が卸売業者に商品の返品を行う実務が存在している。このような業種に属する企業では，返品調整引当金を設定することが多い。

返品調整引当金の設定は，将来の返品リスクに備えるための会計処理である。返品調整引当金は，商品を販売した期間において，将来の返品によって生じる売上総利益の減少を見越して設定する引当金である。その繰入額は，損益計算書において当期の売上総利益の調整項目として表示される。返品調整引当金は，貸借対照表において負債の部に表示されるものであるため，負債性引当金とされている。

---

5 「収益認識に関する会計基準」においても，収益の認識は，資産に対する支配を顧客に移転した時点で行うものとされ，顧客による検収の時点が支配の移転が生じる指標の1つとされている（第39項および第40項）。

新世社・出版案内　May 2019

法学新刊

ライブラリ 民法コア・ゼミナール 1
コア・ゼミナール　民法Ⅰ　民法総則

平野裕之 著　　　　　　　　　A5判／184頁　本体1,400円

民法総則における173のCASE（設問）をまとめ，多様なCASEに取り組み，その解答・解説を読むことを通して問題を解く力を養成する，「事例問題の千本ノック」ともいうべき画期的演習書である。同著者による『コア・テキスト民法Ⅰ 民法総則 第2版』との併読でより理解が深まる。

ライブラリ 民法コア・テキスト
コア・テキスト　民法 第2版

平野裕之 著

民法学修の「コア」を明快に説き，初学者から司法試験受験生まで幅広く好評を得ている「ライブラリ民法コア・テキスト」を2017年民法（債権関係）改正に合わせ内容を刷新・拡充！　ライブラリ各巻のクロスリファレンスのリファインも行い，一層のわかりやすさを配慮した。

Ⅲ　担保物権法
A5判／304頁　本体2,100円

第Ⅲ巻では担保物権法にかかわる法改正に対応，関連最新判例を含めたうえ，解説の見直しや図表の追加を行い，一層の内容充実をはかった。

Ⅰ　民法総則
A5判／384頁　本体2,300円
Ⅱ　物権法
A5判／296頁　本体2,100円
Ⅳ　債権総論
A5判／392頁　本体2,400円
Ⅴ　契約法
A5判／424頁　本体2,500円
Ⅵ　事務管理・不当利得・不法行為
A5判／352頁　本体2,000円

新法学ライブラリ 9
家族法 第5版

二宮周平 著　　　　　　　　　A5判／528頁　本体3,400円

高い信頼を集めてきた家族法基本書の待望の新版。第4版刊行以降の最高裁判決と家裁審判例を詳細に紹介しながら，転換期にある親族法分野と2018年法改正によって大きな変化がもたらされた相続法分野両方について記述を全面的に刷新し，その体系的理解をはかった。2色刷。

法学新刊

ライブラリ 法学基本講義 11
基本講義 手形・小切手法 第2版
早川 徹 著　　　　　　　　　A5判／248頁　本体2,580円

好評のテキストの最新版。2017年の民法（債権関係）の改正法成立，2018年の商法改正法成立に対応して内容を改訂し，さらに手形に代わる仕組みとなる電子記録債権法などについても補論で解説を加えた。一方で記述項目を精選し，半期の講義により適したスリムな内容となるよう配慮されている。読みやすい2色刷。

ライブラリ 商法コア・テキスト 2
コア・テキスト 手形・小切手法
川村正幸 著　　　　　　　　　A5判／192頁　本体1,600円

商法学修のコアが習得できる「ライブラリ 商法コア・テキスト」の一巻として，斯学の第一人者が手形法・小切手法のアウトラインと主要論点についてコンパクトにまとめた入門テキスト。2017年民法改正に対応して最新の内容で解説。読みやすい2色刷と多数の図解により初学者の学びやすさに配慮した。

基礎コース［法学］6
基礎コース 商法I 総則・商行為法／手形・小切手法 第4版
丸山秀平 著　　　　　　　　　A5判／312頁　本体2,650円

商法総則・商行為法と手形・小切手法を1冊で解説し，学びやすく使いやすいと定評ある入門教科書の最新版。2017年の民法（債権関係）改正ならびに2018年の商法改正という2つの大きな変化に対応し，法改正で改められた用語や規制に沿って記述を改めた。普及がすすむ電子記録債権についての解説も拡充した。2色刷。

新法学ライブラリ 2
憲法 第7版
長谷部恭男 著　　　　　　　　A5判／504頁　本体3,400円

ライブラリ 法学基本講義 6
基本講義 債権各論 第3版
　　　　　　　　　　　　　　　　　　　　　　　　潮見佳男 著
I　契約法・事務管理・不当利得　A5判／416頁　本体2,980円
II　不法行為法　　　　　　　　A5判／280頁　本体2,450円

＊電子版も弊社ホームページ（http://www.saiensu.co.jp）にて販売中。

経済学新刊

グラフィック［経済学］5
グラフィック 金融論 第2版

細野 薫・石原秀彦・渡部和孝 共著　　　A5判／328頁　本体2,750円

初版刊行後の金融経済の変化を踏まえ，金融危機の前兆としてのバブル，新たな金融規制の国際的枠組みであるバーゼルⅢ，デフレと密接に関係する流動性の罠に関する解説などを加筆修正し，経済データを最新のものに更新した。左右見開き体裁・2色刷。

ライブラリ 経済学15講 A-7
日本経済論15講

脇田 成 著　　　A5判／256頁　本体2,300円

日本経済を学習するにあたって，知っておかねばならない事実と必要となる経済学的知識を15講にまとめたテキスト。データをもとにして直面する実態をつかむセンスを伝授しつつ，読者が自分の頭で政策を判断するための考え方をガイドした。読みやすい2色刷。

ライブラリ 経済学15講 A-5
医療経済学15講

細谷 圭・増原宏明・林 行成 共著　　　A5判／304頁　本体2,400円

医療の経済学的分析は方向を見定める重要な羅針盤の役割を果たす。本書は，近年注目される医療経済学を，理論と制度・実際の両面からわかりやすく解説した入門書である。日本の医療問題に関心を持つ，幅広い領域の読者に有益な示唆を与える。2色刷。

ライブラリ 経済学コア・テキスト＆最先端 16
コア・テキスト 環境経済学

一方井誠治 著　　　A5判／224頁　本体2,200円

本書は，環境経済学の現代における必要性とともに基礎的な理論や政策への適用について，初学者にも理解できるよう平易に解説した入門テキストである。従来の環境経済学の考え方を超えた新しい環境管理の考え方についても触れ，充実した内容となっている。2色刷。

基礎コース［経済学］5
基礎コース 金融論 第4版

畳間文彦 著　　　A5判／320頁　本体2,550円

好評を得てきた金融論の入門テキストの最新版。第4版では仮想通貨も含めたフィンテックという金融の技術革新，そして日銀のマイナス金利政策に代表される非伝統的金融政策という近時の大きな話題を中心に解説を拡充し，データをアップデートした。2色刷。

経営学・会計学新刊

ライブラリ 経営学コア・テキスト 11
コア・テキスト 国際経営

大木清弘 著　　　　　　　　　　A5判／288頁　　本体2,500円

国際経営の理論と実際を，一貫した視点により解説。多国籍企業の歴史や海外直接投資論から，グローバル化における組織デザイン，イノベーション，生産，マーケティング，サプライチェーン・マネジメントそして人的資源管理までカバーする（全15章構成）。読みやすい2色刷。

ライブラリ 論点で学ぶ会計学 2
論点で学ぶ 国際財務報告基準 （IFRS）

山田辰己・あずさ監査法人 著　　　　A5判／480頁　　本体3,400円

本書は，国際財務報告基準（IFRS）を初めて学ぶ人のみならず，IFRSに関する実務経験を持つ実務家を対象として，本領域の第一人者と第一線にいる専門家が，設定や改訂の経緯を踏まえIFRSの原理原則を解説したテキストである。章末には理解度チェック欄を設けて，学んだ内容を自ら確認できるように配慮している。

ライブラリ 論点で学ぶ会計学 4
論点で学ぶ 原価計算

清水　孝 著　　　　　　　　　　A5判／232頁　　本体2,300円

本書は原価計算の10の論点をピックアップし，問題の所在と背景，関連する理論を解説したうえで実務の調査・分析を紹介して，論点を説き明かしていく。一通り原価計算の学習を終えた学生や，自社の原価計算システムの更新や改定に携わる方々に最適の書。

ライブラリ ケースブック会計学 3
ケースブック 財務会計

平野智久 著　　　　　　　　　　A5判／304頁　　本体2,700円

現実の様々な企業の報道記事を題材にして，財務会計の基本概念から発展問題までを説き明かした新しいスタイルのテキスト。初級簿記を修得して財務会計の世界に興味をもった大学生や新聞報道の背後にある会計理論を学びたい社会人に好適の書。2色刷。

発行 新世社　　発売 サイエンス社

〒151-0051　東京都渋谷区千駄ケ谷1-3-25　TEL (03)5474-8500　FAX (03)5474-8900
ホームページのご案内　http://www.saiensu.co.jp　　＊表示価格はすべて税抜きです。

返品調整引当金の会計学的な性格については，返品に応じる義務ととらえて，債務性を認める考え方が一般的である。しかし，引当金として設定されている金額は，返品によって生じる利益の減少額に止まっており，この金額が債務の大きさを表現しているわけではない。代替的に，返品調整引当金は，利益の繰延項目と解釈することも可能である。利益の繰延項目であれば，これを負債として表示することについて議論が可能である。売掛債権の評価勘定とみる考え方，（繰延ヘッジ利益と同様に）評価・換算差額等（またはその他の包括利益累計額）とみる考え方も成り立つであろう。

あるいは，そもそもこのような利益の繰延べを行わなければならないことが，実現主義に反する収益の認識を行っていることを示唆していると考えることもできる。このように考える場合は，販売（引渡）時点において返品のリスクが高い場合にはその時点で収益を認識するのではなく，返品のリスクが解消される時点，すなわち小売業者による最終的な顧客（消費者）への販売時点を待って収益を認識することが適切であろう。

4.4 工事進行基準

企業会計基準第 15 号「工事契約に関する会計基準」[6] によると，「工事契約」とは，「仕事の完成に対して対価が支払われる請負契約のうち，土木，建築，造船や一定の機械装置の製造等，基本的な仕様や作業内容を顧客の指図に基づいて行うものをいう。」と定義されている（第 4 項）。受注制作のソフトウェアについても，工事契約に準じた会計処理が行われる（第 5 項）。

工事契約のうち，成果の確実性が認められるものについては，**工事進行基準**が適用される。成果の確実性が認められる場合とは，工事収益総額，工事

---

6 「収益認識に関する会計基準」により廃止が予定されているが，一定の期間にわたって収益の認識が行われる履行義務については，実質的に，「工事契約に関する会計基準」が定める工事進行基準による会計処理と同様の会計処理が行われると考えられている。

原価総額および工事の進捗度について信頼性をもった見積りを行うことができる場合である。一般に，工事契約においては，このような成果の確実性が認められる要件が満たされることが多く，工事進行基準が広く採用されているといわれている。

なお，工事契約については，「工事契約に関する会計基準」が設定される以前は，「企業会計原則」の規定に従い，工事完成基準と工事進行基準の選択適用が認められていた。現行の基準では，一定の要件を満たす工事契約に関して工事進行基準を適用することによって，より適時に工事に係る成果の認識を行うとともに，収益認識に関する企業間の比較可能性を高めることが意図されている。

工事進行基準については，これが実現主義の適用形態の一つといえるかどうかが問題となる。資産の引渡しも対価の受取りも認められないので，厳密には実現主義の適用とはいえない。しかし，契約により，資産の引渡しが行われ，対価を受け取ることが高い確実性をもって保証されている。また，工事進行基準には，工事の進捗に応じてその成果を適時に財務諸表に反映するという利点があり，この利点が厳密な意味での実現主義の適用が行われないことによるコストを上回っていると考えられている。

工事進行基準適用における見積り　　工事進行基準の適用にあたっては，工事原価総額と工事進捗度の見積りが不可欠である。例えば，複数の工事を同時に請け負っている企業は，工事原価を各工事にどのように割り当てるかによって，工事原価総額を恣意的に操作できる余地があるとも考えられる。例えば，当期に発生した工事原価を収益性の高い工事に優先的に割り当てることによって，収益性の高い工事の工事進捗度を高め，利益の捻出を図るなどの操作も可能であろう。このため，各工事のプロジェクト管理（とくに原価管理）が実務上は極めて重要となる。

なお，工事進行基準の適用によって，工事収益の対価として工事未収入金が資産として計上される。この工事未収入金は，工事の引渡しによって生じ

たものではないので，厳密な意味では法律的な債権として確定した金額を
もって計上されているわけではないが，「工事進行基準を適用した結果，工
事の進行途上において計上される未収入額については，金銭債権として取り
扱う。」（第17項）とされている。したがって，工事未収入金については，
同一の顧客に対する工事前受金との相殺表示も認められている。

　　工事損失引当金　　工事契約の履行に際して，将来の期間において発生
　　すると見込まれる工事原価の額が大きくなり，損失が発生することが見
　　込まれる場合には，当該損失を認識しなければならない。このような契
　　約は，不利な契約（onerous contract）とよばれ，非金融負債（引当金）
　　が計上される。工事契約から損失が発生することが見込まれる場合には，
　　工事損失引当金が計上される。なお，この工事損失引当金の債務性につ
　　いては，損失が発生することを回避するための実際的な手段が存在して
　　いないことから，現在の債務が存在していると解されている[7]。

4.5　リース取引の貸手

　リース取引の貸手の会計処理は，通常，**ファイナンス・リース取引**とオペ
レーティング・リース取引とに分けて議論されている。リース取引がファイ
ナンス・リース取引に該当する場合，貸手も，借手と同様，当該リース取引
について通常の売買取引に係る方法に準じて会計処理を行うことになる。逆
にリース取引がオペレーティング・リース取引に該当する場合，当該リース
取引は，貸手も，当該リース取引について通常の賃貸借取引に係る方法に準
じて会計処理を行う。
　ファイナンス・リース取引について貸手が行う会計処理は，次のとおりで

7　逆に，将来のリストラクチャリングなどに係る引当金について，これを回避する選択肢が
当該企業の側に残されている場合には，債務性がないと解されている。

ある。

● リース物件の購入価額等の帳簿価額をリース債権（所有権移転ファイナンス・リース取引の場合）またはリース投資資産（所有権移転外ファイナンス・リース取引の場合）に振り替える。

● 受取リース料総額とリース債権またはリース投資資産との差額は，受取利息相当額であり，当該ファイナンス・リース取引について通常の売買取引に係る方法に準じて会計処理する場合の売上総利益を構成する。

● 受取利息相当額は，原則として，リース期間にわたり利息法により配分する。

　収益および費用の表示方法には，次の3つの方法がある。これらは，割賦販売に適用される方法に準じている。貸手にとってのファイナンス・リース取引は，割賦販売に類似するからである。

● リース取引開始日に売上高と売上原価を計上する方法。売上高と売上原価との差額は，利息相当額として取り扱う。各期末において翌期以降の期間に対応する利益は，繰り延べる。（この方法は，割賦販売における未実現利益控除法に類似する。）

● リース料受取時に売上高と売上原価を計上する方法。（この方法は，割賦販売における対照勘定法に類似する。）

● 売上高を計上せずに利息相当額を各期に配分する方法。（この方法は，割賦販売における割賦利息法に類似する。）

　リース取引の貸手の会計処理についても，借手の会計処理と同様，解約不能オペレーティング・リース取引の取扱い（ひいては，リース取引全体に係る単一アプローチの適用）の問題が残っている（IFRS 16「リース」によっても未対応である）。

　リース取引の貸手が製造業者の場合　　製造業者（メーカー）が連結子会社としてリース子会社を有する場合，連結企業集団の観点からは，リース物件のリースから得られるリース料総額とリース物件の製造原価

90　　第4章　収益認識と実現主義

との差額が営業利益になる。そこには，製造業者としての利益とリース取引の貸手（リース会社）としての利益が混在していることになる。この場合，製造業者としての利益は販売時点において認識する一方で，リース取引の貸手としての利益はリース期間にわたって配分するという方法が考えられる。

4.6 時価会計

現在，時価会計が適用されている収益稼得活動に用いられている資産としては，**売買目的有価証券**およびトレーディング目的で保有する棚卸資産がある。

これらの資産については，購入市場と売却市場が区別されず，同一の市場で形成される価格で売買が行われている。また，その活動の内容としては，売買のタイミングによる価格差を狙って，活発な市場において売買を頻繁に繰り返すような活動が想定されている。このような売買の対象となる資産は，企業内部において時価（市場価格）によって管理されており，決算日現在保有する資産について財務報告上も時価によって評価することが適切である。この結果生じる時価評価差額も，当該資産が短期的に売却が予定されているものであり，かつ時価に信頼性が認められていることから，収益として実現した（realized）ものと認めることができる（または，実現しているといいきれないにしても，実現可能（realizable）であると認めることができる）。

また，デリバティブ（金融派生商品）についても，時価会計が適用されている。デリバティブを投機目的やトレーディング目的で保有する場合には，時価が管理上も重要であり，財務報告上も最も目的適合的な測定基礎である。契約によって当事者間で自由にキャッシュフローを設計することができるデリバティブ取引について，キャッシュフロー（取引価格）に着目した会計処理（実現主義）は，ほとんど無力である。さらに，デリバティブについては，

取引所が存在する場合はもちろん，相対の場合であっても，観察可能な基礎数値を手掛かりとすることができるので，多くの場合，その時価には比較的高い信頼性が認められている。

　ただし，デリバティブをヘッジ目的で保有する場合には，貸借対照表上は時価で測定するものの，その評価差額をヘッジ対象に係る損益が認識されるまで繰り延べる会計処理が行われる（**繰延ヘッジ会計**）。このときに生ずる繰延ヘッジ損益は，貸借対照表上，株主資本以外の純資産項目（評価・換算差額等）として表示される（純資産直入処理）。連結財務諸表上は，当期に発生した繰延ヘッジ損益は，その他の包括利益に計上され，ヘッジ対象に係る損益が純利益に認識された時点において純利益に組替調整（リサイクリング処理）が行われる。なお，その他の包括利益の累積額は，「その他の包括利益累計額」として，株主資本以外の純資産項目として表示される。

　金利スワップの会計処理　　金利スワップは，契約の当事者があらかじめ定められた条件で金利を交換する取引である。想定元本とよばれる金額を基準に，例えば固定金利と変動金利を交換する。一般的には，変動金利の借入金の利息を実質的に固定金利に変換することなどを目的として利用されている。

　金利スワップも，デリバティブの一種であるから，企業会計基準第10号「金融商品に関する会計基準」に従い，時価をもって貸借対照表に計上し，時価の変動額は損益計算書において損益に計上することになる。ただし，金利スワップがヘッジ目的で使用され，ヘッジ会計の要件を満たす場合には，時価の変動額は繰延ヘッジ損益として貸借対照表の純資産の部に計上する。

　金利スワップに係るヘッジ会計については，いわゆる特例処理が認められている。すなわち，「資産又は負債に係る金利の受払条件を変換することを目的として利用されている金利スワップが金利変換の対象となる資産又は負債とヘッジ会計の要件を充たしており，かつ，その想定元

92　　第4章　収益認識と実現主義

本，利息の受払条件（利率，利息の受払日等）及び契約期間が当該資産
又は負債とほぼ同一である場合には，金利スワップを時価評価せず，そ
の金銭の受払いの純額等を当該資産又は負債に係る利息に加減して処理
することができる。」（「金融商品に関する会計基準」注14）。この特例処
理を用いる場合，金利スワップは，貸借対照表において時価評価されな
いことになるため，日本基準に従う貸借対照表においては，デリバ
ティブのポジションがすべて計上されているわけではないことには留意
する必要がある。

　なお，IFRSでは，一部の生物資産（biological assets）に対しても，時価
会計が適用される。このような収穫を待たずに生産に着手した段階から時価
評価益の認識を認める会計処理に対しては，批判的な意見が多かった。現在
では，生物資産のうち「果実生成型の植物」については，時価会計の対象と
はせず，有形固定資産として扱うものとされている（IAS 41「農業」）。

4.7　収益認識に関する会計基準

(1) IFRS 15

　わが国においては，2018年3月に企業会計基準第29号「収益認識に関す
る会計基準」が公表され，「企業会計原則」による実現主義を基軸とする収
益（売上高）の認識のルールが大きく変わろうとしている。企業会計基準第
29号は，IASBがFASBと共同で開発した収益認識の会計基準であるIFRS
15「顧客との契約から生じる収益」に基づいている。

　IFRS 15では，収益の認識は，成果の獲得という面よりも契約から生じる
履行義務の充足という面が強調される。実現主義は，考え方としては共通す
る部分が大きいものの，直接的には言及されていない。

　IFRS 15が履行義務の充足に注目したのは，伝統的な実現主義よりも，負

4.7　収益認識に関する会計基準　**93**

債（履行義務）の消滅に焦点を当てることによって（すなわち，収益を「負債の消滅」ととらえることによって），客観的に収益の認識を行うことを目指したためである。この意味では，IFRS 15における収益の認識は，（以下にみるように，基本的には取引記録アプローチによるものの）資産負債アプローチによってより高い客観性が確保されるように工夫されているとみることができる。さらに具体的には，履行義務の充足は，対象となる財または用役に対する支配が顧客に移転されることを指している。

IFRS 15において，収益は，次の5つのステップを踏むことによって認識される。

　　1. 契約の識別
　　2. 契約に含まれる（複数の）履行義務の識別
　　3. 取引価格の決定
　　4. 取引価格の履行義務への配分
　　5. 履行義務の充足による収益の認識

まず，第1に，収益を得るための一連の活動は，財または用役を提供し，対価を受け取る契約を締結することによって開始される。この契約では，対価を受け取る権利を取得するとともに，財または用役を提供する「履行義務」を負担する。契約は，形式的に独立であっても，2つ以上の契約をまとめて1つの契約とみなさなければならない場合もある。

第2に，契約に含まれる（複数の）履行義務を識別する。1つの契約の中には，複数の履行義務が含まれている可能性がある（例えば，通信端末と通信サービスのセット販売など）。とくに，履行義務の充足のパターンが（一時点において充足されるパターンと，一定期間にわたって徐々に充足されるパターンとのように）異なる場合，複数の履行義務が含まれていると判断しなければならない。

第3に，収益として測定される額は，契約に示されている取引価格に基づいて決定される。

第4に，1つの契約に複数の履行義務が含まれる場合には，全体の取引価

格を当該複数の履行義務に配分しなければならない。取引価格が変動する場合（変動対価による場合），適切な見積りを行う。

　第5に，履行義務が充足された時点で収益を認識する。履行義務の充足は，財または用役を顧客に移転することによって遂行される。このことは，顧客が当該財または用役に対する支配を有することを意味している。

　このように，IFRS 15 では，履行義務の充足に焦点が当てられているものの，測定される収益は取引価格に基づいており，さらに全体の取引価格を複数の履行義務や複数の会計期間に配分している。この意味では，フローを期間配分する思考が底流に流れていると考えられる。とくに取引価格は，フローの大きさを示すものであるから，これを超えて収益の測定を行わないのは，資産負債アプローチの助けは借りているものの，取引記録アプローチ（収益費用アプローチ）から逸脱するものではないことを意味していると考えられる。

　<u>現在出口価格アプローチ</u>　　IFRS 15 の開発の過程において，現在出口価格アプローチという考え方が検討された。

　　現在出口価格アプローチとは，財またはサービスの提供者（売主）において，契約上の権利と義務を測定日における現在出口価格によって評価するという考え方である。収益認識の対象となる契約には，売主からみれば財またはサービスを提供すべき義務とその対価を受け取る権利が含まれる。この両者からなる正味のポジションを現在出口価格で測定するということは，収益稼得活動の完了を待たずに時価評価による損益を認識することを意味し，収益の認識をより早期に行うことができる反面，その実務は従来の実現主義による実務からかけ離れたものとなる。とくに，契約が締結されれば，理論的には直ちに収益の認識が可能となることから，そのような収益認識に伴う利益は，デイワン利益（day-1 gains）またはインスタント利益などとよばれ，従来の実務ではその認識を慎重に避けてきたものである。

4.7　収益認識に関する会計基準　　**95**

これに対して，収益認識を収益稼得活動の実質的な完了を待って行うという考え方は，稼得過程アプローチとよばれる。とくに，収益の測定を当初の取引価格に基づいて行うことから，当初取引価格アプローチともよばれる。このアプローチは，本書でいうところの取引記録アプローチと整合する。

もっとも，現在出口価格アプローチは，現行の実務においても部分的には取り入れられている。例えば，工事損失引当金の認識は，履行義務の消滅に要する正味の債務を現在の出口価格で測定したものである。現在出口価格アプローチは，損失の認識には利用されるが，利益の認識には利用されない，非対称の取扱いが行われており，会計上の保守主義の適用例の一つであると考えられる。

(2) 企業会計基準第 29 号

ASBJ は，企業会計基準第 29 号「収益認識に関する会計基準」の開発に際して，「基本的な方針」を次のように定めている。

(1) IFRS 第 15 号の定めを基本的にすべて取り入れる。

(2) 適用上の課題に対応するために，代替的な取扱いを追加的に定める。代替的な取扱いを追加的に定める場合，国際的な比較可能性を大きく損なわせないものとすることを基本とする。

このような基本方針により，収益認識に関する国際的な比較可能性を確保しようとしている。

次に，企業会計基準第 29 号においては，「基本となる原則」が定められている。すなわち，「約束した財又はサービスの顧客への移転を当該財又はサービスと交換に企業が権利を得ると見込む対価の額で描写するように，収益を認識することである」（第 16 項）とされる。

そのような基本となる原則に従って収益を認識するため，IFRS 15 における 5 ステップアプローチと同様，以下の（1）から（5）のステップが適用される（第 17 項）。

96　第 4 章　収益認識と実現主義

（1）顧客との契約を識別する。

（2）契約における履行義務を識別する。

（3）取引価格を算定する。

（4）契約における履行義務に取引価格を配分する。

（5）履行義務を充足した時に又は充足するにつれて収益を認識する。

したがって，企業会計基準第29号においては，IFRS 15と同様，契約に含まれる（複数の）履行義務を識別し，当該履行義務の充足に応じて，収益を認識することになる。収益の額は，取引価格を履行義務に配分することによって決定されるので，取引記録アプローチが採用されていることが分かる。

さらに，履行義務の充足のパターンには，IFRS 15と同様，一時点で充足される場合（販売による場合など）と一定の期間にわたり充足される場合（工事契約による場合など）がある。履行義務が一時点で充足される場合，収益もその一時点において認識されるが，履行義務が一定の期間にわたり充足される場合には，収益が当該期間にわたって認識される。

(3) 複数要素契約

収益認識の実務上の問題のうち，最も重要なものの一つが複数要素契約の問題である。

主たる商製品の販売に際して，付随的にサービスの提供に関する契約を締結する場合がある。このような場合において，契約に含まれる複数の契約要素を異なる履行義務として識別し，それぞれに応じた収益認識の会計処理を行う必要がある。

例えば，携帯電話端末と通信サービスを抱き合わせで販売する場合がこれに該当する。この場合，携帯電話端末の販売については，通常の販売基準によって収益の認識を行うが，通信サービスについては，サービスの提供（通常は時間の経過）に基づいて収益の認識を行うことになる。問題となるのは，提供した複数の要素の対価をどのように測定するかであるが，単一の要素を独立して販売したと仮定した場合の対価の額を参考にするなどによって判断

4.7　収益認識に関する会計基準　**97**

することになろう。

　また，電気製品等の販売に代表されるように，製品の販売に際して一定の製品保証サービスを提供するケースがある。この場合，製品自体の販売と製品保証サービスの販売とを区別するかどうかが問題となる。このような販売契約は，2つの要素（履行義務）によって構成されると考えれば，全体の対価を2つの要素に配分し，製品の販売時点において製品に関する収益（売上高）を認識し，製品保証サービスの提供時点において（通常は時間の経過に基づいて）製品保証サービスに関する収益を認識することになる。

　しかしながら，製品の販売と製品保証サービスとが不可分の一体とみることが商慣行として確立しており，それぞれ（とくに製品保証サービス）を独立に販売することがない場合には，主たる財である製品の販売時点においてすべての要素に関する収益を認識することが考えられる。この場合，付随的な製品保証サービスについては，別途その履行に要する費用を見積もって負債（製品保証引当金）を認識する会計処理が認められるべきであろう。

(4) 原価回収基準

　一定の期間にわたり充足される履行義務については，「履行義務の充足に係る進捗度を見積り，当該進捗度に基づき収益を一定の期間にわたり認識する」（第41項）とされ，従来の工事進行基準と同様の収益認識が行われる。

　一方で，履行義務の充足に係る進捗度を合理的に見積もることができない場合，企業会計基準第29号の適用以前は，工事完成基準によるものとされていた。工事完成基準では，工事が完成するまで，収益および費用のいずれも損益計算書において認識されることはない。これに対して，企業会計基準第29号では，「履行義務の充足に係る進捗度を合理的に見積ることができないが，当該履行義務を充足する際に発生する費用を回収することが見込まれる場合には，履行義務の充足に係る進捗度を合理的に見積ることができる時まで，一定の期間にわたり充足される履行義務について原価回収基準により処理する。」（第45項）とされ，原価回収基準の適用が明示された。

98　　第4章　収益認識と実現主義

原価回収基準では，少なくとも費用の金額が回収されると見込まれる場合，収益および費用はそれぞれ同額で計上されることから，進捗度を合理的に見積もることができるまで（場合によっては，最終的な履行義務の充足（工事の完成）に至るまで）は，両者の差額としての利益は認識されない。最終的な正味の成果である利益は，進捗度を合理的に見積もることができるようになってから（場合によっては，履行義務がすべて充足される時点において），認識されることになる。

章 末 問 題

研 究 問 題

- 営業収益については，総額主義によらず，純額で計上することがある。そのようなケースについて説明しなさい。
- 金利スワップの会計処理について説明しなさい。
- 生物資産については，時価会計を適用し，貸借対照表において当該資産を時価で計上するとともに，損益計算書において時価評価損益を計上すべきであるという意見がある。この意見について論評しなさい。

ケーススタディ

- A社は，B社から原価100の商品を購入し，直ちにC社へ110で販売した。また，A社は，B社へ原価100の商品を販売し，B社はこれを直ちにD社へ120で販売した。A社は，どのような会計処理をすべきか説明しなさい。
- D社は，原価100の商品（ソフトウェア）をE社へ150で販売し，当座入金を確認した。なお，E社は同商品をF社に160で転売した。最終的にF社は，翌期において同商品をD社に170で転売する予定である。D社は，どのような会計処理をすべきか説明しなさい。
- G社は，同業のH社へ原価100の商品を150で販売した。G社はまた，ほぼ同時にH社から同種商品を150で購入し，代金は上記販売代金と相殺した。G社は，どのような会計処理をすべきか説明しなさい。
- I社は，工事契約に工事進行基準を採用している。次期以降において原材料の価格が上昇し，人件費も上昇する経営環境にあるが，同社は，原価の増加が当期末時点において観察されないことから，工事原価の見積りを変更

しなかった。なお，当該工事契約の受注にあたっては，多くの企業と競合したため請負金額が低くなり，他の契約と比べて当該契約の収益性は低くなってしまっていた。このような会計処理について，財務会計上どのような問題があるか論じなさい。

- J社は，大量の機械設備について製造業者K社から納品を受けている。J社は，当該機械を使用して製品を製造し，その販売も堅調に推移している。当期において，J社は，K社から大量の受注・納品の見返りに「販売奨励金」を現金で受け取り，これを営業外収益に計上した。このようなJ社の会計処理について，論評しなさい。

- L社は，卸売業者M社から商品を仕入れ，顧客（消費者）に販売している。未販売の商品については，一定期間ごとに無条件でM社に返品することが契約により認められている。L社の返品率は，概ね40％程度である。L社およびM社が行うべき会計処理について説明しなさい。

- N社は，電化製品を販売するに際して，メーカーによる1年間の通常保証とは別に独自に保証期間を延長した製品保証契約を非常に安価な価格（公正価値の20％程度）で提供している。N社が行うべき会計処理について説明しなさい。

- 警備保障サービスを提供するO社は，2年間の警備保障サービスの対価を契約締結時点において受け取っている。当該サービスを提供するにあたっては，専用の機器の設置が不可欠であり，その費用が契約全体において重要である。このため，O社は，対価を受け取った時点においてその全額を収益として認識する会計処理を行っている。このようなO社の会計処理について論評しなさい。

- P社は，畜産業を営んでいる。棚卸資産として保有する販売用動物の会計処理について論じなさい。

第5章

配分と評価

本章の論点

論点 5.1：会計において，認識は，主として取引に基づいて行われるが，随時に公正価値などの時価によって評価替えが行われる場合がある。取引に基づいて認識される場合であっても，取引価格を期間的に配分する手続もある。会計的認識としての配分と評価の選択問題は，会計における最も基本的な問題の一つである。

論点 5.2：配分の手続の最も代表的な例は，固定資産に適用される減価償却である。配分を規則的に行うことによって，恣意性の介入する余地を減らし，利益の平準化をもたらしている。

論点 5.3：棚卸資産については，数量と単価をそれぞれ把握することによって，取得原価の配分が行われている。

論点 5.4：会計において割引計算が導入されてきたが，その適用は，資産および負債の価値を直接的に測定する場合と利息法によって収益および費用を配分する場合とに分けられる。

論点 5.5：配分は，一定の状況において修正される場合がある。見積りの修正による配分の修正は，プロスペクティブ方式によって行われる。

論点 5.6：一定の状況において，資産の帳簿価額を切り下げる会計処理（減損処理）が行われる場合がある。固定資産，棚卸資産，有価証券の場合において，それぞれ減損処理の方法は異なる。

論点 5.7：現行の会計では，継続的な公正価値による評価が行われる場合がある。しかし，この公正価値会計の適用範囲は，売買目的有価証券，デリバティブなどに限定されている。

101

5.1　会計的認識としての配分と評価

(1) 非連続的な認識

　会計においてある項目を認識する手続は，**取引**に基づいて行われる（transaction-based approach；**取引記録アプローチ**）。取引では，他の取引相手との間において財または用役の交換が行われ，通常，その交換価格が明示されている。このため，取引には，高い観察可能性を有しているという特徴があり，この特徴を用いて，複式簿記のシステムにおいて，財または用役の変動を記録していく。したがって，次の取引が行われるまでは何ら記録が行われないので，会計における認識は，基本的に，非連続的な処理である。

　図表11は，このような非連続的な会計処理を図解したものである。左の図は，商品の取得から販売に至る過程を会計上どのように認識しているかを示している。商品を取得した段階では，商品はその取得に要した現金の額によって測定され，販売した段階において新たに流入した現金の額によって再測定が行われる。取得に要した額（取得価額）を販売から得られた額（販売価額）が上回る場合，その差額が利益を表している。

　また，右の図は，消耗品を購入して，それを消費する過程を会計上どのよ

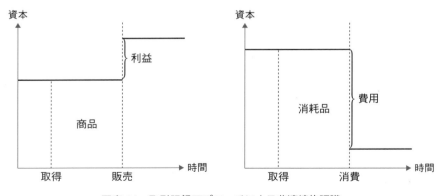

図表11　取引記録アプローチによる非連続的認識

うに認識しているかを示している。消耗品を取得した段階では，消耗品はその取得に要した現金の額によって測定され，消費した段階において消費した分に相当する額を費用に計上する。未消費の消耗品は，引き続き資産として認識される[1]。

取引の定義　会計（とくに簿記）において，取引は，一般に，資産，負債，資本，収益および費用の財務諸表の構成要素に変動をもたらす事象であると説明されている。しかし，この定義では，どのような事象を取引に含めて，資産，負債，資本，収益および費用の変動を記録するかが決まらない。一種の循環論に陥ってしまう。

　伝統的に，現金収支を伴う事象は，取引として認められてきた。最も観察可能性の高い事象であるからであろう。現金収支を伴わない事象であっても，資産と資産の交換などは取引として認められている。資産の消費や滅失等も，物理的に観察可能な事象である限り，取引として認められている。債権債務の変動は，契約に基づいて取引として認識される。

　問題となるのは，資産または負債における単なる価値の増減である。これらの事象を物理的に観察することは難しいので，単なる価値の増減をもって（観察可能な事象としての）取引ということはできない。例えばある資産について時価の変動を認識することから，時価の変動を（簿記上の）取引と後付けでよぶこともある。しかし，これらの事象を認識の対象とするために，これらを取引と定義することも本末転倒であろう。

このような非連続的な会計処理は，取得，販売，消費などの比較的観察可能性が高い取引とよばれる事象に基づいて行われるものである。このことを改めて図解すると，**図表12**のようになる。

　図表12は，資産（商品）の取得と販売という取引に基づいて資本（＝資

1　もちろん，実務的には，消耗品は，購入時に一括して費用処理されるのが通常である。この他にも，消費パターンについて一定の仮定を設けて，資産の購入額（取得原価）を期間配分する減価償却も行われている。詳しくは，後述する。

5.1　会計的認識としての配分と評価　**103**

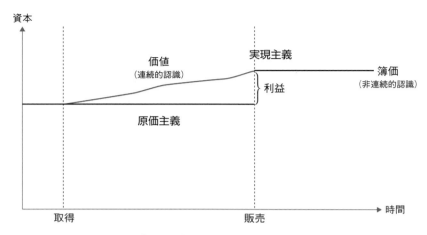

図表 12　非連続的認識と連続的認識

産－負債）の金額がどのように変動しているかを示している。取得時において，取得した資産の価額（資本の金額）は，投下された現金等の金額で記載されるので，資本の額に変動はない。また，売却されるまでは，その金額，すなわち原価によって据え置かれる（**原価主義**）。一方，販売されれば新たに流入する現金等の金額で測定し直されるので，従前の価額（原価）と流入した対価（売価）との差額が利益として認識される（**実現主義**）。資産の測定基準である原価主義と利益の認識基準である実現主義は，このような表裏一体のものとして機能している。

　しかし，このような会計的認識は，逆にいえば，取引が行われない限り，記録が行われない。すなわち，会計的認識には，遅延認識の問題が付随している。図表 12 でいえば，取得してから販売されるまでの間，非連続的な会計的認識を表す「資本」と実際には連続的に変動しているであろう「価値」との間に乖離が生じている。

　現実の企業は，このような会計的認識を多数かつ同時的に行っている。図表 13 は，より現実的な企業における資本の「簿価」と「価値」との間に必然的に差異（遅延認識）が生じることを示している。認識された簿価の当期

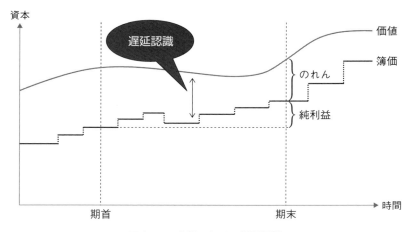

図表13　会計における遅延認識

中の増加額が純利益であり，期末の資本の簿価で説明できない価値がのれんである。

(2) 評価と配分

　このような取引記録アプローチによる遅延認識の問題を改善するために，伝統的に，会計では，評価と配分という手続によって工夫が行われてきた。

　評価の手続は，資産および負債の帳簿価額を**現在の価値**（current value；伝統的には「時価」と訳してきたものである）によって書き換えていく手続である。評価の手続は，資産および負債の過去の取得の経緯は問わず（すなわち，歴史的原価のいかんにかかわらず），現在入手可能な情報によって当該資産および負債の価値を直接的に測定し，その測定額をもって資産および負債の会計上の価額とするものである（このため，評価の手続は，**直接的測定**（direct measurement）ともよばれる）。評価の手続における再測定額としては，公正価値（fair value），再調達原価（replacement cost；取替原価）などの市場から得られた測定値の他，使用価値（value in use），正味実現可能価額（net realizable value）などの当該企業に固有の状況を反映した測定値

が利用されている。評価の手続によれば，再測定のタイミングごとに認識の
キャッチアップ（遅延認識の是正）が行われていくことになる[2]。

　他方，配分の手続は，2つの取引時点において観察される交換価額
（キャッシュフローの金額）を参照して，両者を一定の観点から関連付けて，
組織的かつ機械的に資産および負債の帳簿価額を修正していく手続である
（この手続は，会計において特有の認識手法であることから，とくに**会計的
配分**（accounting allocation）ともよばれる）。配分の手続によれば，組織的
かつ機械的に，間断なく認識のキャッチアップ（遅延認識の是正）が行われ
ていくことになる。

離散的認識モデルと連続的認識モデル　　　評価と配分の手続を含めて，
筆者は，会計における認識モデルとして連続的認識モデルと離散的認識
モデルという2つの認識モデルを提示して，議論を展開している。

　そもそも会計においては，経済主体の経済的活動を記録するにあ
たって，離散的認識モデルと連続的認識モデルという2つの認識モデル
が存在している。離散的認識モデルは，取引に限定して経済活動を認識
するモデルである。取引は，他の取引相手との間において財または用役
の交換が行われ，通常，その交換価格が明示されている。このため，高
い観察可能性を有しており，複式簿記のシステムにおいて，交換された
財または用役の名称と取引価格を用いて記録が行われる。次の取引が行
われるまでは，（原価の組織的配分などを除き）何ら記録が行われない
ので，ここでは離散的と表現している。これに対して，連続的認識モデ
ルとは，取引に限らず，資産・負債の価値変動（経済事象）をも認識対
象とするモデルである。資産・負債の価値変動は，取引を待たずに記録
され，少なくとも概念的には価格変動などの経済事象が連続的に生じる
限り，それを連続的に記録することは可能であるので，ここでは連続的

2　後述するように，減損などの一定の要件のもとで行われる帳簿価額の切下げの手続は，む
しろ配分の修正として位置づけられる。評価の手続として現行の実務で行われているものは，
事実上，公正価値によって継続的に評価されているものに限られている。

106　　第5章　配分と評価

と表現している（もちろん，簿記手続的には，評価の手続は，決算日に
おいてのみ行われるという設定が多いが，概念的には日々継続的に行わ
れるべきものである）。本章でいう配分の手続は離散的認識モデルに含
まれ，評価の手続は連続的認識モデルに含まれる。

　会計は，伝統的に離散的認識モデルに基づいて構成されてきた。通常
現金収支などを伴う取引には，高い識別可能性があり，会計記録を維持
するためのコストも低廉である。資産が取得された段階では，当該資産
が化体する資本は歴史的原価で認識され，販売された段階で新たに流入
する資本の大きさで書き換えられることになる。いいかえれば，資本は，
その価値の変動に関するリスクが収束するまで据え置かれ，リスクの収
束（実現）によって新たな価値にキャッチアップされていく。このため，
離散的認識モデルでは，遅延認識が当然の帰結となる。遅延認識はさら
に，長期的に収益性が資本コストよりも大きいことを前提とすれば，資
本の過小評価につながる。このため，構造的に保守主義が生まれる素地
がある[3]。もっとも，遅延認識は，いずれは解消される性質を有してい
る。もちろん，企業の解散時には価値と資本が一致するが，それ以前で
も競争により残余利益が消失すればやはり価値と資本は一致する。遅延
認識に伴って生ずる価値と資本簿価との差額である「のれん」は，資本
簿価の変動である利益に基づいて利用者が将来の予測を行うことに
よって推定すべきものである。

　なお，会計基準では，離散的認識に対して，一定の工夫を加えている。
例えば，減価償却，工事進行基準等の原価や収益の期間配分によって離
散的認識によって生じる取引と取引の間のギャップを埋めている。また，
部分的に連続的認識が導入されている。一部の資産を公正価値で測定し，

3　なお，損失の計上を遅延認識している企業については，簿価の切り下げを行う会計処理
（減損処理）が幅広く適用されている。いわば，バイアスによる保守性（損失の早期認識）が，
ラグによる保守性（利益の遅延認識）を生む構造となっている（W. H. Beaver and S. G. Ryan,
"Biases and lags in book value and their effects on the availability of the book-to-market ratio to
predict book return on equity," *Journal of Accounting Research* 38 (1), 2000, pp. 127–148）。

5.1　会計的認識としての配分と評価　　**107**

その測定差額を「その他の包括利益」に計上する実務がこれに該当し，一般に，離散的認識モデルによる純利益を保存しつつ，追加的に包括利益が開示される。ただし，この実務によっても遅延認識される部分は残り，利用者が推定すべきのれんは残ることになる。

　ここで，構成要素の定義の問題に立ち返ると，連続的認識モデルか離散的認識モデルかのいずれによるかによって，認識されたストックとフローの関係，すなわち，認識された資産・負債・資本・収益・費用の相互関係は，変わらないことは明らかであろう（離散的認識モデルにおいても，資産および負債を先に定義することは可能）。いいかえれば，両者のモデルにおける資産および負債の差異は，遅延認識に起因するもののみであり，例えば，未認識の無形資産，偶発債務などが当てはまる[4]。

　現在の会計実務では，これらの2つの認識モデルが併用されていることが一因で，様々な測定値が利用されている。例えば，歴史的原価，未償却原価，償却原価，公正価値，現在原価，正味売却価格，正味実現可能価額，将来キャッシュフローの現在価値，使用価値などがある。IASBの概念フレームワークによると，これらの測定値は，大別すれば，「歴史的原価」のグループ（historical cost measures）と「現在の価値」のグループ（current value measures）とに類型化できる。歴史的原価のグループは，歴史的な取引価格に基づいて測定された測定値を含めており，取引価格そのものである歴史的取得原価（historical acquisition

---

4　経済的資源と債務に基づく資産および負債の定義を満たさないような項目を貸借対照表に計上することを明示的に示した基準設定上の文献には，米国会計基準審議会（APB）ステートメント第4号（Accounting Principles Board, APB Statement No. 4, *Basic Concepts and Accounting Principles Underlying Financial Statements of Business Enterprises*, New York, NY: AICPA, 1970）がある。公会計の領域では，これらを繰延資源アウトフロー（deferred outflow of resources）または繰延資源インフロー（deferred inflow of resources）などともよんでいる（Governmental Accounting Standards Board, Concepts Statement No. 4, *Elements of Financial Statements*, Norwalk, CT: GASB, 2007; International Public Sector Accounting Standards Board, *The Conceptual Framework for General Purpose Financial Reporting by Public Sector Entities*, New York, NY: IFAC, 2013）。

cost）のみならず，それを規則的に配分した未償却原価（depreciated or amortized cost）が含まれる。これに対して，現在の価値のグループには，歴史的な取引価格からは切り離された，現在の市場または企業固有のデータに基づいて測定された測定値が含まれ，公正価値（fair value），使用価値（value in use），現在原価（current cost）などが含まれる。

　純粋には，連続的認識モデルでは，適時に価値を認識するので，公正価値による評価につながる。これに対して離散的認識モデルでは，一定の据え置きを行うので，原価評価を行うが，取引時点において改訂が行われるにとどまる。しかしながら，すべての資産・負債の価値を連続的に認識することは，現実的には，不可能とはいわないまでも，極めて困難であり，限界がある。現在では識別不能とされているような資産・負債を含めて，すべての資産・負債の価値を連続的に認識することができれば，すべての情報がストックに織り込まれ，のれんはなくなり，フローは重複的な情報となるはずである。しかし，すべての資産・負債の価値を連続的に認識することができなければ，のれんが存在する。のれんは，フローによって提供される情報によって利用者が推定すべきものである。連続的認識の範囲を部分的に広げることによって，フローによって提供される情報が変化するが，それによって，（小さくなったとはいえ）のれんの推定が容易になるかどうかは分からない。

5.2　減 価 償 却

（1）正規の減価償却

　減価償却は，「配分の手続であり，評価の手続ではない」[5] といわれている。すでに述べたように，評価とは，現時点において入手可能な情報に基づいて

5　Committee on Accounting Procedure, Accounting Research Bulletin No. 43, *Restatement and Revision of Accounting Research Bulletins*, New York, NY: AICPA, 1953, Section C, para. 5.

当該資産（または負債）の価値を決定する手続であり，配分とは，キャッシュ・フローの期間帰属を決定する手続で，とくに組織的・機械的に行われるものである。減価償却の手続においては，取得原価（投資に要したキャッシュ・フロー）の額が耐用年数にわたって組織的・機械的に配分される（とくに事前の計画に従い組織的に行われる減価償却のことを「正規の減価償却」という）。各期に配分された額が減価償却費であり，取得原価からある時点における減価償却費の累計額を控除した額が当該時点における正味の帳簿価額である。この帳簿価額は，評価の手続によって直接的に決定されたものではなく，配分の手続の結果従属的に決定されたものであり，将来の各期に帰属する未配分の原価を表している。

　かつては，各期の利益の多寡に応じて減価償却を行う利益償却という実務が存在していた。この実務については，減価償却費を利益の多寡に応じて負担させることができる半面，減価償却費が各期の資産の用役の消費を適切に表現しなくなること，減価償却後の利益に業績指標としての役割が期待できなくなることなどの根本的な問題点が指摘できる。このため，現在では採用されていない。

　正規の減価償却に属する減価償却方法には，定額法，定率法，級数法，生産高比例法等がある。**定額法**は，各年度の減価償却費が定額になるように計算する減価償却方法である。取得原価を C，残存価額を S，耐用年数を N年とすると，t 年度の減価償却費 D_t は，次のように求められる。

$$D_t = \frac{C - S}{N}$$

　定率法は，各年度の期首の帳簿価額に対して定率の償却率を乗ずることによって減価償却費を計算する方法である。定率法においては，まず，定率の償却率 d を次のように求める。

$$d = 1 - \sqrt[N]{\frac{S}{C}}$$

定率法による t 年度の減価償却費 D_t は，次のように求められる。

$$D_t = C \times (1-d)^{t-1} \times d$$

級数法は，次の耐用年数の算術級数の和（例えば，耐用年数が5年の場合，$1+2+\cdots+5=15$）に対する「耐用年数－経過年数」の比によって減価償却費を計算する方法である。級数法による t 年度の減価償却費 D_t は，次のように求められる。

$$D_t = (C-S) \times \frac{N-(t-1)}{1+2+\cdots+N}$$

定率法と級数法は，各年度の減価償却費が耐用年数の後期に至るにつれて，逓減していくため，逓減償却法に類型化される。

生産高比例法は，車両，船舶，航空機などのように，資産の利用量（生産高）を物量的に把握できるときに，全体の使用可能量に対する各年度の使用量の比に基づいて，減価償却費を計算する方法である。全体の生産高を Q，t 年度の生産高を Q_t（$Q = \sum_1^N Q_t$）とするとき，生産高比例法による t 年度の減価償却費 D_t は，次のように求められる。

$$D_t = (C-S) \times \frac{Q_t}{Q}$$

生産高比例法は，生産高が利益と連動するようなケースにおいては，利益償却のような効果が生ずることになる。生産高比例法の適用および生産高の選択にあたっては，資産の用役の消費パターンを反映させる配慮が必要である。

なお，税法上の定率法では，定額法の償却率の2倍[6]（次頁）に設定された定率法の償却率によって減価償却費を計算するが，定率法の償却率によって

5.2　減価償却　**111**

計算した償却費が償却保証額を下回った年度から，改訂償却率を用いた定額償却に切り替わる。この償却スケジュールも，あらかじめ決められた計画的・組織的なものであることから，正規の減価償却と認められている[7]。

(2) ソフトウェアの償却

　一般に，無形固定資産は，法律の定める有効期間にわたって定額法によって償却（amortization）を行う。無形固定資産（とくに法的権利財）が具現する用役の消費は，法律の定める有効期間にわたり，かつ，時の経過に応じて生じると考えられるからである。

　ソフトウェアの制作費を無形固定資産として計上した場合，他の無形固定資産と同様に，償却の対象となる。市場販売目的のソフトウェアの制作費を無形固定資産として計上した場合，その原価は，一般に，販売数量または販売金額を基準とする生産高比例法によって配分が行われる。しかしながら，このような償却方法は，上述の利益償却と同様の問題が生じかねないため，実際の適用に際しては，次のような特段の配慮が払われている[8]。

- 販売可能な有効期間は，原則として 3 年以内とされる。
- 各期の償却費は，定額償却額を下回ってはならない。
- 帳簿価額が将来の見込販売収益を超える場合には，その額を一時の損失として処理する。

　自社利用目的のソフトウェアの制作費は，収益獲得や原価節約の効果があると認められる場合に限り，無形固定資産として計上することが認められている。当該ソフトウェアの原価も，償却の手続によって期間配分されるが，原則として 5 年以内の期間において定額法による償却が行われている[9]。

6　2007 年 4 月 1 日以降に取得した資産については定額法の償却率の 2.5 倍，2012 年 4 月 1 日以降に取得した資産については 2 倍の償却率を用いる。
7　日本公認会計士協会 監査・保証実務委員会実務指針第 81 号「減価償却に関する当面の監査上の取扱い」などを参照。
8　日本公認会計士協会 会計制度委員会報告第 12 号「研究開発費及びソフトウェアの会計処理に関する実務指針」参照。

112　第 5 章　配分と評価

5.3 取得原価の決定

　固定資産の取得原価の決定は，減価償却等の期間配分の対象となる原価の範囲を決定することである。固定資産の取得原価の決定は，次のように，固定資産の取得のパターンに応じて議論されている。

（1）購入による場合

　固定資産の購入に際して支出を要する付随費用は，通常，固定資産の取得原価に含められる。したがって，当該付随費用は，支払った時点において期間費用とはされず，減価償却の手続を通じて耐用年数にわたって各期に配分されることになる。付随費用を取得原価に算入する手続は，一般に，支払対価主義に基づいているといわれている。支払対価主義とは，資産の取得原価を当該資産の取得に要した対価の総額をもって決定するという考え方である。

　<u>土地の取得に係る付随費用</u>　　土地については，減価償却が行われないので，いったん取得原価に算入された付随費用は，当該土地が売却されない限り，費用化されない（損益計算を通じて回収されない）。インフラ事業を営む企業など，土地の買収のために立退料等の特段の費用を支払っている場合，土地の取得原価にこのような費用を加算することによって，土地の帳簿価額がその時価に比較して過大になってしまう事態も想定される。また，次に述べる借入費用も，土地の取得原価に算入すると，売却するまで回収されない。

　このような場合，減損処理によって，帳簿価額を切り下げる会計処理が必要となることも考えられる。また，そもそもこれらの付随費用を土地の取得原価に算入すべきか否か検討の余地があろう。付随費用の原価

9　5年を超える年数とするときには，合理的な根拠に基づくことが必要とされる（同上「実務指針」第21項）。

5.3　取得原価の決定　　**113**

算入は，取得後の減価償却の手続を通じて当該費用が回収されることを前提とした会計処理であり，減価償却を行わない土地について同様に考えるべきであるとは当然にはいえないからである。

(2) 自家建設による場合

固定資産を自家建設した場合（建設会社が自社の営業所の建物を建設するような場合），その取得原価は，適正な原価計算基準に従って算定された製造原価とされる。このため，例えば，販売費及び一般管理費，または非原価とされる支出は，取得原価を構成しないので，それぞれ支出が行われた期の費用または損失として損益計算書に計上される。

固定資産の自家建設のための資金を借入れによって調達した場合，当該借入金に生ずる利息の処理が問題となる。利息は，財務費用であるから，通常は製造原価を構成しない。したがって，取得原価には含まれず，発生した期において営業外費用として処理されることになる。しかしながら，当該建設に直接に要した借入金に係る利息で，かつ稼働前の期間に属するものについては，取得原価に算入することが認められている。取得原価に算入した場合には，当該利息は，耐用年数にわたって各期の費用（減価償却費に含まれる）として配分され，稼働後の収益に対応させられることになる。

5.4　収益的支出と資本的支出

固定資産の取得後に生じた支出については，これを収益的支出とするか資本的支出とするかを判断しなければならない。**収益的支出**は当期の費用として処理されるものであり，**資本的支出**は資産の帳簿価額に加算され，減価償却を通じて期間配分されることになる。一般に，当該支出によって機能が向上し，または耐用年数が延長されるなどの効果が認められる場合には，資本的支出として処理する。これに対して，当該支出の効果が現状維持にとどま

る場合には，これを収益的支出として処理する。

資産除去債務　　**資産除去債務**を認識した場合，それと同額の資産除去費用を固定資産の帳簿価額に加算する会計処理が行われている（資産と負債の両方を計上するので，しばしば両建て方式という）。しかし，資産除去費用は，資産の機能を向上させたり，耐用年数を延長するような積極的な効果が認められないので，資本的支出に該当するかどうかについては，議論のあるところである。現行基準では，資産除去費用を資産の取得時において負担することが不可欠な付随費用と考え，これを取得原価に算入する会計処理を是認している。

　もっとも，両建て方式が有する資産除去費用の資産性という問題を回避するために，将来の資産除去に要する支出に備えて引当金を時間の経過に応じて設定していく会計処理が主張されることがある（引当金方式）。当該支出を各期に費用として配分していく点では，両建て方式と引当金方式とは類似するが，引当金方式では資産除去費用を資産の帳簿価額に加算する必要がない点に特徴が認められる。その一方で，引当金方式には，負債を過少に計上してしまうという問題点が指摘されている。

5.5　棚卸資産と費用配分

（1）数量計算と単価計算

　棚卸資産の費用配分は，その取得原価を数量に基づいて配分することによって行われる。販売のために出庫された数量と在庫として残った数量に基づいて，期間費用（売上原価）と資産原価が区別される。

　出庫数量と在庫数量の区別，すなわち棚卸資産に係る数量計算は，定期（循環）棚卸法または継続記録法によって行われる。**定期（循環）棚卸法**は，一定期間ごとに棚卸資産の在庫数量を実地棚卸しによって把握し，期首の在

庫数量に当期の入庫数量を加えた数量から期末の在庫数量を差し引くことによって，出庫数量を間接的に把握する方法である。**継続記録法**は，入庫数量，出庫数量および在庫数量を商品在高帳等の帳簿によって常時把握する方法である。

数量計算が行われると，数量に対して単価を割り当てる単価計算を行う。このような単価計算の方法には，次のような方法がある。

- 個別法
- 口別法
  - 先入先出法
  - 後入先出法
- 平均法
  - 移動平均法
  - 総平均法

個別法は，払い出された棚卸資産の単価を，当該資産を実際に取得したときの単価とする方法である。**口別法**は，棚卸資産の仕入口別（ロット別）に払い出された棚卸資産の単価を割り当てる方法である。口別法には，単価の流れについて入庫の早い方から先に出庫されるという仮定を設けて払出数量に単価を割り当てる**先入先出法**と，逆に入庫の遅い方から先に出庫されるという仮定を設けて払出数量に単価を割り当てる**後入先出法**がある。**平均法**は，平均単価の計算をどの程度の頻度（インターバル）で行うかによって，内容が異なってくる。仕入のつど平均単価を計算する方法は，**移動平均法**とよばれている。週ごと，月ごとのように，一定期間ごとに平均単価を計算する方法は，**総平均法**とよばれている。

　　<u>先入先出法と後入先出法</u>　　先入先出法と後入先出法は，単価の流れに関する過程が異なることから，異なる配分の結果を財務諸表にもたらす。例えば，継続的なインフレーションを想定する。貸借対照表においては，先入先出法によると，棚卸資産は，最近の単価を反映した価額で評価さ

116　　第5章　配分と評価

れるという利点が認められるが，後入先出法によると，古い単価を反映した価額で評価されるという欠点が認められる。これに対して，損益計算書においては，先入先出法によると，最近の販売単価と古い購入単価が対応されるため，インフレに起因する「紙上の利益」が計上されるという欠点が生じるが，後入先出法では，最近の販売単価に対して比較的最近の購入単価が対応されるため，インフレに起因する利益の計上が抑制されるという利点が認められる。

後入先出法の廃止　　後入先出法は，現行の会計基準において，その適用が禁止されている。後入先出法には，物価変動の影響を中和化した利益が計算され，企業の営業活動の成果を表現できるという利点が認められる。実質的に，再調達原価に近似する最新の仕入価額にもって払出原価とすることから，実体資本維持を図ることもできる。

　他方，一般的な在庫管理を前提とすると，物理的なものの流れを反映しないという問題点がある。また，恣意的な在庫操作による利益操作を行うことも可能である（決算日直前の仕入を控えるなどして期末棚卸数量を恒常在庫数量に満たないようにすることにより，恒常在庫の含み益を実現できる）。

　このような理由から，国際会計基準（IAS2「棚卸資産」）では，後入先出法の適用は禁止されており，わが国の企業会計基準第9号「棚卸資産の評価に関する会計基準」でも同様の対応がとられるに至っている。

売価還元法　　売価還元法は，棚卸資産の取扱品種が極めて多い小売業等に適用される方法である。売価還元法では，棚卸資産の在庫管理は売価によって行われるが，棚卸資産をそのまま売価で貸借対照表に記載するわけではない。期末棚卸資産の売価は，原価率を用いて原価に還元されるので，貸借対照表において棚卸資産は原価で評価されることになる。

　売価還元法には，その他の原価配分法と異なり，数量と単価の組合せで売上原価と期末棚卸資産原価との配分が行われているわけではないと

5.5　棚卸資産と費用配分　**117**

いう特徴もある。

(2) 棚卸資産の取得原価

棚卸資産についても，その取得原価は，支払対価主義に基づいて決定される。したがって，購入した棚卸資産について値引きや割戻しを受けた場合には，それらの金額は取得原価から控除する。

しかし，実務において，値引きや割戻しは，様々な形式によって行われている。例えば，報奨金などの名目で，大量仕入に対する割戻しが行われる場合がある。このような報奨金を取得原価から控除せず，営業外収益に計上すると，実質的に，未販売の商品に関する未実現利益が計上されてしまう。

なお，仕入割引は，掛け代金の早期決済が短期的な資金の貸付けを意味すると解されることから，受取利息と同様，営業外収益として扱われる。しかし，掛け代金の決済という営業取引から営業外収益を計上することは，議論の余地があろう[10]。また，支払代金に利息が含まれる場合には，これを控除する方法も認められるであろう。例えば，代金の支払いに長期を要する場合，利息分だけ支払額が増えていると考えられるので，棚卸資産の取得原価にはこれを含めないことが適切であろう。予定より早く仕入債務を支払うことによって現金割引を受ける場合，時の経過によって仕入債務から生ずるはずの利息費用が生じないだけであるとも考えられる。

5.6　割引計算──金利の期間配分

---

(1) 2種類の割引計算

将来キャッシュフローの割引計算を行う目的には，当該資産（または負債）の価値を直接的に測定（評価）することとキャッシュフローの（会計的

10　実際，利息費用の一部は，退職給付債務や資産除去債務に係る利息費用などのように，営業損益に含める形で計上されることがある。

118　第5章　配分と評価

な）期間配分を行うことの2つがある[11]。

直接的測定においては，将来キャッシュフローを現在価値に割引計算する結果，公正価値または企業固有価値が見積もられる。

● 市場平均のキャッシュフローを市場利子率で割り引くと，公正価値が得られる。例えば，金融商品の公正価値を見積もるに際して，このような割引計算が行われる。

● 企業固有のキャッシュフローを当該企業の資本コストで割り引くと，企業固有価値（使用価値）が得られる。例えば，減損の認識を行う固定資産について，使用価値を見積もるに際して，このような割引計算が用いられる。

一方，会計的配分においては，現在時点における帳簿価額（投資額）と将来キャッシュフローの割引現在価値とが一致するような割引率（内部利回り）を求め，この割引率によって帳簿価額（投資）に対するリターンを一定とするようにキャッシュフローの期間配分が行われる。このような割引計算を用いた配分は，**利息法**とよばれて，幅広く適用されている。

直接的測定と会計的配分の特徴は，割引計算に用いられる割引率が改訂されるか（unlocked），固定される（locked-in）かに端的に反映される。直接的測定として割引計算が用いられる場合には，測定されるたびに割引率が市場の動向などを反映して改訂される。これに対して，会計的配分としての割引計算では，一般に，配分期間にわたって割引率は固定されたままである。

(2) 金融商品会計における利息法

例えば，契約上のキャッシュフローの配分においては，当初の投資額を元本とし，元本の期首残高に対して一定の利息が生ずるものと想定することによって，毎期の損益（利息）が計算される。貸付金（借入金）の分割回収（返済）などのキャッシュフローに適用される。

---

11 FASB, Concepts Statement No. 7, *Using Cash Flow Information and Present Value in Accounting Measurements*, Norwalk, CT: FASB, 2000.

5.6 割引計算――金利の期間配分 **119**

金融資産を債権金額と異なる価額で取得し，債権金額と取得価額との差額が金利の調整であると認められる場合，償却原価法が適用される。償却原価法においては，将来の元利キャッシュフローの現在価値が当初の取得原価と一致するような割引率（実効利子率）に基づいて，各期に配分される利息の計算が行われる。金融資産の取得価額は，金利の調整を通じて償還期限までに債権金額に調整される。その過程において，金融資産の帳簿価額は，将来の元利キャッシュフローを実効利子率で割り引いた現在価値（償却原価）となるが，この金額は直接的測定の結果ではなく，むしろ会計的配分（利息法）の適用の結果とみるべきであろう。

　また，金融負債についても，金融資産と同様に，償却原価法が適用される。金融負債を債務金額と異なる価額で負担することになった場合には，当初の受取対価の額に実効利子率で計算した利息を加減して償却原価を計算し，この額をもって貸借対照表価額とする。

　なお，金融負債については，金融資産と比べて，債務金額（額面）で記載すべきニーズが高い。例えば，借入金のうち利息を天引きされた額のみを受け取った場合，その受取対価（その後は償却原価）または債務金額のいずれの金額で記載すべきであるかという問題があるが，債務金額で記載する実務も存在する。

(3) リース会計

　ファイナンス・リース取引におけるリース料（キャッシュフロー）の支払義務（リース債務）についても，一定の割引率に基づいた利息法による配分計算が行われている。リース料の割引率としては貸手の計算利子率または借手の追加借入利子率が用いられ，リース債務の金額とリース物件への投資額（リース資産の取得原価）が決定される。

　リース料の支払いは，リース債務に係る利息と元本の配分として処理される。この処理は，上述した借入金の分割返済の処理と同様である。

（4） 資産除去債務

　資産除去債務は，当該債務が発生した時点（または当該債務の金額を合理的に見積もることができるようになった時点）において，将来支払われる資産除去に係る支出（キャッシュフロー）を見積もって，これを一定の割引率をもって割り引いた額として測定される。割引率は，将来キャッシュフローが発生すると予想される時点までの期間に対応する貨幣の時間価値を反映した無リスクかつ税引前の利率とされる。

　債務の発生時点においては，その価値を直接的に評価したものとみることもできるが，その後の期間においては，その割引率は固定されたままであり，資産除去債務に係る会計処理は，むしろ会計的配分に属する会計処理であるとみるべきであろう。

　このような会計的配分の思考は，将来の支出（キャッシュフロー）の見積りを変更する場合において顕著にみることができる。将来の支出が減少する場合には，残存するキャッシュフローの割引計算は，固定された当初の割引率によって行われる。一方，将来の支出が増加する場合には，増加するキャッシュフローについて，増加したことを見積もった時点における割引率を用いることになる。

（5） 退職給付会計

　退職給付債務は，退職給付見込額のうち現時点までに発生したと見込まれる額を，支払いが見込まれる時点までの期間に対応する無リスク利子率で割り引いた額として測定される。

　このような退職給付債務の金額は，割引現在価値の一種であるとはいえるが，第三者に市場を通じて引き受けてもらうために必要な金額（公正価値）などを表現しようとしたものではない。

　各期の費用配分額は，期首現在における退職給付債務に既定の割引率を乗じた利息費用と，従業員が一期間の労働用役を提供した結果生じた債務の増加額である勤務費用の合計として測定される。いずれも，期首時点において

事前に算定することが可能なものであり，当期末における新たな情報に基づいて改訂された仮定を反映したものではない。

退職給付債務の計算にあたっては，キャッシュフローの見積りの変動は，直ちに反映される。また，割引率の変動も（重要性基準の適用はあるが）直ちに反映される。この意味では，直接的測定の手続としての性格を有している。

しかしながら，毎期発生する退職給付見込額の算定は期間定額基準や支給算定式基準などによっているので，退職給付見込額は，費用配分の原則に従い，各期に配分されているとみるべきであろう。また，基礎率の変動に起因する退職給付債務の変動額は，数理計算上の差異として把握され，それが発生した期間において一時の損益で認識されるのではなく，その後の一定期間（平均残存勤務期間内の一定の年数）において配分される[12]。さらに，給付水準の改訂等に起因する退職給付債務の変動額は，過去勤務費用として把握され，数理計算上の差異と同様，平均残存勤務期間内の一定の年数にわたって配分される。

このようなことから，退職給付債務の計算には，むしろ配分の思考が色濃く反映されているとみることもできる。

確定給付債務・累積給付債務・予測給付債務　　退職給付債務については，確定した給付債務のみを認識する**確定給付債務**（vested benefit obligation；VBO），現在の給与水準に基づいて認識する**累積給付債務**（accumulated benefit obligation；ABO），将来の給与水準に基づいて認識する**予測給付債務**（projected benefit obligation；PBO）の3つの考え方がある。

確定給付債務によると，給付の確定した時点において，過年度の勤務に対応する債務が一度に認識されることになるので，一般には採用され

12　連結財務諸表においては，数理計算上の差異は，その発生した期において「その他の包括利益」として即時認識される。そのうえで，一定の期間にわたって配分される金額が損益計算書に計上される退職給付費用に含められる。その額はまた，組替調整（リサイクリング）の手続によって，その他の包括利益から控除される。

122　　第5章　配分と評価

ていない。現在時点において，将来の昇給の影響を反映させるか否かは議論のあるところであるが，現行の会計基準においては，将来の昇給を積極的に財務諸表に反映させる考え方に立って，予測給付債務が採用されている。

退職時点において退職給付債務の金額が確定する時点では，累積給付債務も予測給付債務も同じ金額に到達するはずである。そうすると，累積給付債務と予測給付債務のいずれかを採用するかは，退職給付費用の配分のスピードを決定することであることが分かる。将来の昇給率がプラスであれば，予測給付債務の方が費用配分がより早期に行われることになる。

なお，同様の現象は，割引率の選択においても生じている。割引率を低くすると，退職給付費用の認識がより早期に行われることになる。

5.7　配分の修正

(1) 配分の修正方法

配分は，あるキャッシュフローについて損益としての期間帰属を決定する手続である。配分の計画は，通常，資産の取得時点（初期投資時点）において決定されており，この計画に従って，投資の清算が行われる時点まで配分の手続は継続的に実施される。しかし，一定の事象が生じた場合には，事前に定められた配分の計画を修正する必要が生じる。

すでに第3章で述べたように，配分の修正には，理論的には，レトロスペクティブ方式，キャッチアップ方式，およびプロスペクティブ方式がある。

● レトロスペクティブ方式では，修正後の仮定に基づいて過年度に行われた配分をやり直す（遡及修正）。

● キャッチアップ方式では，修正後の仮定に基づいて修正時点における帳簿価額を計算し，従前の帳簿価額との差額を修正による累積的影響額と

して認識する。

● プロスペクティブ方式では，従前の帳簿価額を修正しないまま，仮定の修正を修正時点が属する期間および将来の期間にわたって反映させる。

(2) 減価償却の修正

　配分の修正は，典型的には，減価償却の変更の問題として議論されている。

　現行の会計基準では，耐用年数の見積りの変更は，プロスペクティブ方式によって会計処理されている。見積りの変更があった時点において，従前の帳簿価額を変更せず，当該変更の影響を当期および将来の期間にわたって反映させる。具体的には，残存する帳簿価額（から残存価額を控除した額）を変更後の残存耐用年数にわたって配分する方法による。

　また，減価償却方法は会計方針の一つであり，その変更は会計方針の変更として取り扱われるべきものと考えられる。しかし，減価償却方法の変更は，固定資産に係る用役の消費パターンに関する見積りの変更を伴うものとも考えられている。このため，減価償却方法の変更は，「会計方針の変更を会計上の見積りの変更と区別することが困難な場合」に該当し，会計上の見積りの変更と同様に会計処理を行うこととされている（すなわち，プロスペクティブ方式による）。

　現行の会計基準では，ソフトウェアの償却に際して行われる見積りの修正も，同様に処理される。とくに市場販売目的のソフトウェアに係る制作費を無形固定資産として計上した場合，その償却は，見込販売数量または見込販売金額に基づく生産高比例法によって行われる。この見込販売数量または見込販売金額について見積りの修正が行われた場合，修正前までは修正前の仮定に基づいて償却が行われ，修正時点における未償却残高をそれ以降の修正後の見込販売数量または見込販売金額に基づいて各期に配分していくことになる[13]。

（3）キャッシュフロー見積法による債権の減損処理

　債権に関して，債務者の財政状態が悪化し，その回収に疑義が生じた場合，当該債権を貸倒懸念債権に分類し，キャッシュフロー見積法によって貸倒見積高を算定することがある（この処理を債権の減損処理とよぶ場合もある）。

　このキャッシュフロー見積法の適用にあたっては，財政状態が悪化した後のキャッシュフローを見積もり，当該キャッシュフローに対して当初の割引率（約定利子率。債権金額と取得価額が異なる場合には実効利子率）を用いて現在価値を算定し，債権金額（償却原価）と当該現在価値の差額を貸倒見積高とする（すなわち，当該現在価値によって当該債権を評価する）。

　この現在価値は，現時点における市場利子率を用いるものではないことから，公正価値を表すものではない。また，この会計処理は，財政状態が悪化した時点において行われる一時的な会計処理であり，毎期継続的にキャッシュフローを見積もり直して，現在価値の改訂を行うことを要求するものでもない。さらに，この会計処理は，固定された割引率を用いる点にも特徴があり，財政状態の悪化によって生じたキャッシュフローの減少分の現在価値を当期の費用または損失とするものと解される。このようなことから，この会計処理は，債権の価値を直接的に測定しようとするものというよりは，キャッシュフローに関する配分の修正を行うものであると考えることができる。

　なお，キャッシュフロー見積法によって評価された貸倒懸念債権については，それ以降の期間において時の経過に起因する利息の調整額を受取利息として計上（または貸倒引当金繰入額から控除）することが認められている。

13　類似の問題として，工事進行基準を適用した場合の見積りの修正があるが，工事進行基準の場合には，見積りの修正が行われた期において，修正後の仮定に基づいた工事収益の当期末までの累積額から前期までに認識された工事収益の累計額を控除することによって，当期に帰属する工事収益が認識される。この処理は，キャッチアップ方式に属するものである。株式報酬費用の会計処理においても，キャッチアップ方式による見積りの修正が行われている。

5.7　配分の修正　**125**

5.8　減　損

(1)　固定資産の減損

　固定資産の減損処理については，固定資産の評価か配分の修正かという議論がある。

　一定の認識の要件を満たす固定資産については，回収可能価額に基づいて測定が行われ，従前の帳簿価額と減損処理後の回収可能価額との差額が減損損失とされ，当期の損失として損益計算書に計上される。この一連の手続については，回収可能価額による評価の手続の結果，減損損失（評価損）が計上されるものとみることもできる。

　しかしながら，減損処理は，固定資産（償却性の固定資産）に係る減価償却の修正，すなわち配分の修正の手続と考えることもできる。減損処理は，収益性の低下した固定資産について行われる臨時的な帳簿価額の切下げの処理であり，将来の期間に配分される減価償却費の額を減少させる効果を有するからである。

　とくにわが国の会計基準では，現時点における帳簿価額の回収可能性よりも，投資期間全体を通じた投資額の回収可能性が重視されている。このことは，帳簿価額に回収可能性を反映させるよりも，投資額全体の期間配分のスキームを変更することに重点が置かれていることを意味している。

　固定資産の減損処理を行うにあたってトリガーとなるのは，収益性の低下である。固定資産の収益性の低下は，固定資産の使用（処分を含む）から得られる将来のキャッシュフローの低下によって表される。わが国の会計基準では，固定資産の帳簿価額と割引前の将来キャッシュフローとを比較する方法によって，減損の認識が行われる。将来キャッシュフローの見積りには不確実性が伴うから，減損の認識を相当程度確実になった段階で行うためには，割引後の金額（使用価値）によって厳格に行うよりも，割引前の金額に含まれる金利要素を一定のバッファーとして認識の判定を行う方が合理的と考え

126　第5章　配分と評価

られる[14]。

　また，減損を認識する固定資産について，どのような測定値を付すかによって，減損処理後の期間における利益計算の内容が異なってくる。（より多くの減損損失を認識すれば，将来の期間における利益は大きくなる。）

　例えば，当該固定資産を使用価値によって測定する場合，その後の期間において正常リターン（資本コスト相当の利益）のみが利益として計上される。将来キャッシュフローが将来の期間における収益を表す一方で，その現在価値たる使用価値が減損後の期間における費用（減価償却費）であるから，その差額である利益は資本コストによる割引額に他ならない。

　当該固定資産を（米国基準で要求されているように）公正価値によって測定する場合，その後の期間における利益には，正常リターンのみならず超過リターンが含まれる。公正価値よりも使用価値が大きい場合，減損を認識する固定資産を公正価値によって測定すると，将来の利益は，使用価値によって測定する場合に比べて，大きくなる。減損を認識するような収益性の低下した資産について，将来の期間において超過リターンまで利益に含めることが適切であるかが問題となる。減損処理によって帳簿価額を不必要に大きく切り下げることは，過度に保守的な会計処理になりかねない。また，将来の業績回復を演出するために一時に過大な損失を計上するビックバス会計の実務を助長することにもなりかねない[15]。

　<u>資産のグルーピングと共用資産</u>　　固定資産の減損会計では，資産のグルーピングが大きな問題となる。資産のグルーピングのレベルが高ければ高いほど，ある資産の収益性の低下が他の資産の収益性の上昇によって打ち消されるため，減損を認識しにくくなる。「固定資産の減損

14　このような減損認識の基準を蓋然性基準（probability criterion）という。IFRS では，回収可能価額が帳簿価額を下回っているかどうかが減損認識の基準とされるが，この基準は経済性基準（economic criterion）とよばれている。

15　もっとも，米国基準が回収可能価額ではなく公正価値による測定を採用している理由として，減損が生じた資産について恣意的な測定を抑制することもあげられる。

5.8　減　損　　**127**

に係る会計基準」では，「他の資産又は資産グループのキャッシュ・フローから概ね独立したキャッシュ・フローを生み出す最小の単位」（6の（1））とされている。このようなキャッシュフロー生成単位としては，小売業の店舗などが分かりやすい例であるが，現実には，セグメントといった極めて大きな単位でグルーピングを行う事例も少なくない。

　また，複数のキャッシュフロー生成単位に用役を提供するような共用資産（本社の土地・建物，複数の店舗に係る物流センターなど）は，直接キャッシュフローを生み出す資産ではないため，その減損処理のルールは複雑である。原則として，共用資産について減損損失を認識するかどうかの判定にあたっては，共用資産を含む，より大きな単位で行うこととされている。この他にも，共用資産の帳簿価額を複数の資産グループに配分する方法も認められている。

のれんの減損　　わが国の「固定資産の減損に係る会計基準」では，のれんの減損処理にあたっては，その帳簿価額を複数の事業に配分しなければならないが，その後の手続は共用資産の減損処理の場合と類似している。したがって，のれんの減損は，のれんの規則的償却に加えて行われる，のれんの取得原価を配分する手続の一つとして理解することができる。

　これに対して，IFRS では，のれんの規則的償却は禁止されており，のれんの取得原価は，減損処理によってのみ減額される（事業分離の場合等は除く）。のれんを含む事業全体の回収可能価額が当該事業を構成する資産および負債の帳簿価額を下回る場合に，のれんの減損損失が認識されることになる。

　IFRS におけるのれんの減損は，多くの見積りが介入することから，非常に恣意的に行われている（とくに減損認識のタイミングが遅い）と批判する論者も多い。のれんの償却を復活させるかも含め，再検討の気運もある。

128　　第 5 章　配分と評価

（2）棚卸資産の減損

棚卸資産について，収益性の低下を反映させる会計処理は，その正味売却価額に基づいて行われる。正味売却価額とは，販売価額（売価）から販売に要する費用を控除した価額である。

棚卸資産の収益性は，その売価（ひいては販売費用を控除した正味売却価額）に反映される。棚卸資産は，主として販売を目的とする資産であるから，固定資産の場合とは異なり，その売価または正味売却価額を市場から入手することは比較的容易である。

この会計処理（棚卸資産の減損処理ともよばれる）については，正味売却価額による評価の手続と理解することも可能である。一方で，取得原価主義の枠内において行われる帳簿価額の切下げであり，費用の期間配分を修正する手続とも考えられる。とくに，減損処理が毎期継続的に行われる会計処理でないことから，臨時的な配分の修正ととらえる方が会計処理の実質を反映しているともいえよう。

棚卸資産を正味売却価額によって評価する場合，見積りどおりの金額で販売されれば追加的な販売損益は発生しない。その意味では，この減損処理は，帳簿価額の切下げを行わなかった場合に発生するであろう将来の販売損失を繰り上げて早期に計上する会計処理である。

棚卸資産をその将来の販売時点における正味売却価額で評価する場合，現時点から販売時点までの貨幣の時間価値を反映しない（割引計算が行われていない）。したがって，固定資産の場合とは異なり，減損処理後の期間において追加的な損益が生じることは予定されていない。

（3）有価証券の減損

有価証券についても，その時価が帳簿価額を著しく下回る場合など，強制評価減（減損処理）が行われる場合がある。売買目的有価証券については，時価会計が適用されていることから，強制評価減の会計処理が行われる対象となる有価証券は，満期保有目的の債券，子会社株式および関連会社株式，

並びにその他有価証券[16]となる。なお，その他有価証券も，貸借対照表上は時価評価が行われているが，時価評価差額は損益計算書ではなく貸借対照表の純資産の部に計上される（純資産直入処理）。その他有価証券について強制評価減を行う場合，純資産の部の減少項目として計上されていた（借方残高の）評価差額金を損益計算書上の損失として計上することになる。

　有価証券の強制評価減の会計処理は，現金として回収可能な金額を貸借対照表において表示することに主たる目的があると考えられることから，評価損を計上する時点においては，評価の手続としての性格が強いと考えられる。しかし，強制評価減の対象となる有価証券も，金融資産としての性格を有するものの，実質的に取得原価または償却原価による評価[17]が行われているものであることから，有価証券の強制評価減の会計処理にも配分の修正の性格が残っている。

（4）資産の剥奪価値

　固定資産や棚卸資産などの事業資産の減損処理を資産評価の視点から説明する理論として，「資産の剥奪価値（deprival value）」という考え方が存在する。ある資産に関する企業にとっての価値は，当該企業が当該資産を剥奪されたときに失われるであろう価値（剥奪価値）として定義される。

　剥奪価値は，図表14のように，複数の測定値の比較によって定義される。

　剥奪価値の決定に際しては，資産が剥奪されたときにどれだけの価値が失われたかを考えればよい。「再調達原価＞回収可能価額」である場合，資産が剥奪されたときに，回収可能価額に相当する価値が失われたと考えることができる。逆に「再調達原価＜回収可能価額」である場合，再調達原価に相当する額を支払うことによってこのポジションを回復することが可能である

16　全部純資産直入法を採用している場合に限る。部分純資産直入法を採用している場合，評価損はすでに計上済みとなっている。

17　その他有価証券は，貸借対照表日において時価評価が行われているが，翌日には洗い替え方式によって取得原価に戻されているので，日常的には実質的に取得原価による評価が行われているとみることができる。

$$\text{剥奪価値} = \text{小さい方} \begin{cases} \text{再調達原価} \\ \\ \text{回収可能価額} = \text{大きい方} \begin{cases} \text{使用価値} \\ \text{正味売却価額} \end{cases} \end{cases}$$

図表 14　剥奪価値

ため，剥奪によって失われた価値は再調達原価で表される。したがって，剥奪価値は，再調達原価と回収可能価額のいずれか小さい方と定義される。

さらに，回収可能価額は，当該資産を継続使用して得られるキャッシュフローの現在価値である使用価値と当該資産を売却して得られる現金額である正味売却価額のいずれか大きい方と定義される。

固定資産の減損処理においては，帳簿価額（再調達原価ではない）と回収可能価額が比較されるので，厳密には，剥奪価値による評価が行われているわけではないが，収益性の低下を表す一定の条件下のもとで行われる回収可能価額による評価であるという点において，剥奪価値の考え方と通ずるところがある。

5.9　公正価値会計

(1) 公正価値会計の根拠

資産負債アプローチを認識・測定に適用した場合，概念的に最も整合的な会計は，公正価値会計（時価会計）と考えられる。資産が将来の経済的便益をもたらす現在の経済的資源であり，負債が将来の経済的便益の犠牲をもたらす現在の債務であると考える場合，その性質を最も適切に表現するものは，公正価値であろう。

資産について，将来のキャッシュフローの割引現在価値である使用価値こそが，利用者の意思決定にとって目的適合的な情報であるとする見解もある。この使用価値には，当該資産のみならず，当該企業に固有のノウハウなどの

5.9　公正価値会計　　**131**

無形資産とのシナジーが含まれている。このため，使用価値は，当該資産の公正価値と無形資産の公正価値とが結合した価値とみることができる。

ただし，資産負債アプローチの適用については，定義の問題にとどめるべきで，資産および負債の認識・測定の問題には及ぶべきではないという意見もある。この見解では，資産負債アプローチは，直ちに公正価値会計に結びつくものではなく，取得原価主義会計にも同様に結びつく可能性がある。

公正価値会計については，すべての金融資産および金融負債への適用がたびたび検討されてきた。すべての金融資産および金融負債への公正価値会計の適用を主張する根拠には，次のようなものがある。

● 金融資産および金融負債は，多くの場合，その契約内容によって将来のキャッシュフローが定まっており，それぞれの企業が有するノウハウなどによる影響は小さい。そのため，金融資産および金融負債の価値は，誰が保有（負担）しているかにかかわらず，外形的に決定されるものであり，その価値は，市場参加者の平均的期待が反映されている公正価値によって表現される。金融資産および金融負債については，公正価値が利用者の意思決定にとって最も目的適合的であり，かつ，最も忠実に表現する測定値と考えられる。

● すべての金融資産および金融負債を公正価値によって測定することは，財務諸表の比較可能性を高める。取得原価（償却原価）は，取得時点が異なる過去の測定値であり，当該測定値間の比較可能性は乏しい。

● すべての金融資産および金融負債を公正価値によって測定することによって，ヘッジ会計のニーズの大部分に対処できる。ヘッジ関係にあるヘッジ対象とヘッジ手段とを公正価値によって測定すれば，価格変動リスクはおのずと損益に反映され，損益のミスマッチは生じない。（しかしながら，将来の予定取引のヘッジ，非金融資産・負債とのヘッジは，金融資産および金融負債の全面公正価値会計によっても解決しないと考えられる。）

132　第5章　配分と評価

(2) 会計基準における公正価値会計

　現行の会計基準において，公正価値会計が採用されている資産および負債は，限定的である。

- **売買目的有価証券**　　短期的に売買を繰り返す目的で保有する売買目的有価証券が，公正価値によって測定され，評価差額は純利益に含めて報告される。売買目的有価証券は，いつでも市場において売却が可能であり，企業がトレーディングの目的で保有するものである。決算日において保有するポジションについては，公正価値が最も適切な測定値であり，売買損益と保有損益とを区別する理由もない。

- **トレーディング目的で保有する棚卸資産**　　通常の棚卸資産が取得原価（正味売却価額が取得原価を下回った場合には，正味売却価額）で評価されるのに対して，トレーディング目的で保有する棚卸資産については，公正価値によって評価され，評価差額は純利益に含めて報告される。トレーディング目的で保有する棚卸資産については，その購入市場と売却市場とが区別されず，売買を繰り返して利ざやを得ることを目的とすることから，公正価値が最も適切な測定値と考えられる。

- **デリバティブ**　　デリバティブ（金融派生商品）については，公正価値による評価が行われ，評価差額は繰延ヘッジ会計が適用される場合を除き，純利益に含められる。デリバティブは，契約によって将来のキャッシュフローを比較的自由に設計することができることから，キャッシュフローに基づいて行う配分の手続は，会計処理としては適切ではない。デリバティブは，契約に基づく債権債務であるから，この大きさを公正価値によって表現することが適当である。

　デリバティブをヘッジ目的で保有する場合，ヘッジ会計を適用することができる。繰延ヘッジ会計を適用する場合には，ヘッジ手段たるデリバティブは，貸借対照表上は公正価値によって評価されるものの，評価損益は損益計算書には計上されず，繰延ヘッジ損益として貸借対照表における純資産の部（評価・換算差額等）に記載される。

5.9　公正価値会計　　**133**

なお，公正価値（時価）ヘッジ会計を適用する場合には，ヘッジ手段たるデリバティブはもちろん，ヘッジ対象たる資産または負債も，公正価値によって評価され，評価差額は純利益に含められる。

逆に，金利スワップの例外処理，および為替予約等の振当処理が行われる場合には，これらのデリバティブは，公正価値によって貸借対照表に記載されることはない。

全面公正価値会計の適用が問題となる金融資産および金融負債には，次のようなものがある。

● **満期保有目的の債券**　将来のキャッシュフローが契約と満期保有の意図によってほぼ確定しており，売買を直接の目的としないにもかかわらず，公正価値会計を適用することが適切であるか。

● **その他有価証券（売却可能有価証券）**　売却することが可能であっても，短期的に売却することが予定されていない（あるいは，事業遂行上の制約がある）有価証券について，評価損益を直ちに純利益に含めて計上することが適切か。

● **金銭債権**　（ファクタリングなどを通じて）支払期日前に売却することは可能であっても，通常は支払期日を待って回収が行われる金銭債権について，時価評価を行い，評価損益を直ちに純利益に含めて計上することは適切か。とくに，金銭債権の時価評価に際しては，債務者の支払能力（貸倒れの可能性）を適切に評価する必要がある。

● **金銭債務**　借入金や社債等は，その清算に事業遂行上の制約がある。また，発行企業（自社）の信用リスクの変動による公正価値の変動がある場合，その変動を純利益に含めることは，直観に反する結果（信用リスクが上昇したときに，負債の公正価値が低下し，利益を生じさせる）を生み出す。

金融資産および金融負債に公正価値会計を適用する場合，公正価値の入手可能性が問題となる。取引所の相場などレベル1のインプットが得られる場合には，その公正価値には高い信頼性を認めることができる。しかしながら，

134　　第5章　配分と評価

そのようなインプットが得られず，とくに評価モデルを用いて，経営者の見積りであるレベル3のインプットを投入するような場合には，その結果得られた公正価値には，高い信頼性は認められない。とりわけ，経営者によって将来のキャッシュフロー等の見積りが恣意的に行われる場合には，利用者をミスリードしかねない。このため，すべての金融資産および金融負債に公正価値会計を適用することには，一定の限界がある。

（3）公正価値オプション

　金融資産と金融負債のミスマッチを個々の企業レベルにおいて解消するため，取得（発生）時にあらかじめ指定した範囲の金融資産および金融負債を公正価値によって評価し，評価損益を純利益に含める会計処理（**公正価値オプション**）を認めるべきかについては，議論がある。これを肯定する意見は，企業が行う公正価値による資産・負債管理を会計上も表現するためには，公正価値オプションの適用を認めるべきであるとする。一方，これを否定する意見からは，公正価値オプションの導入により，企業間の比較が困難になること，公正価値評価により未実現利益の計上を容易にしてしまうことなどが問題として提起されている。

　なお，IFRS においては，この公正価値オプションが認められているが，その適用は会計上のミスマッチの解消を目的とする場合に限定されている。

　公正価値オプションの適用でとくに問題になるのが，自社の信用リスクの変動に伴う金融負債の公正価値評価である。この公正価値の変動差額については，自社の信用リスクの上昇により，金融負債の公正価値が低下し，その結果，利益が生じるという問題である。しばしば，直観に反する（counter-intuitive）会計処理であるなどと指摘されている問題である。IFRS においては，信用リスクの変動に起因する公正価値の変動額は，純利益に含めず，その他の包括利益とするものとされている。

章末問題

正誤問題

わが国の会計制度または会計基準に基づいて，次の文章の正誤を答えなさい。

- 減価償却方法を変更した場合，過年度の財務諸表を遡及修正しなければならない。
- 法人税法上の定率法は，耐用年数の途中で改訂償却率に切り替えなければならないことから，財務会計上の正規の減価償却には該当しない。
- ソフトウェアは，生産高比例法に基づいて減価償却を行わなければならず，定額法によって減価償却を行ってはならない。
- ソフトウェアについて生産高比例法によって減価償却を行う場合，見込販売金額に基づいて行うことは認められていない。
- 金融負債の貸借対照表価額は，債務額と異なる価額で引き受けた場合であっても，債務額によらなければならない。
- 満期保有目的の債券に償却原価法を適用する場合，市場金利に著しい変動があった場合には，割引率の改訂を行わなければならない。
- 貸倒懸念債権をキャッシュフロー見積法によって評価する場合，その後の期間において，時の経過によって生ずる利息の調整額を受取利息として計上してはならない。
- 減損の認識にあたって見積もる割引前の将来キャッシュフローには，当該資産の取得資金として借り入れた借入金に係る利息を含めてはならない。
- 減損を認識すべき固定資産に係る使用価値の算定にあたっては，市場における無リスクの割引率を適用しなければならない。
- その他有価証券については，その時価が著しく下落した場合であっても，部分純資産直入法を採用していない限り，その評価差額を損益計算書に計上する必要はない。
- 資産除去債務は，将来の支出の見積りに修正が行われない限り，発生当初に計上した額のまま維持される。

研究問題

- 減価償却は，営業利益の多寡に応じて行うべきであるという意見がある。このような意見について論評しなさい。
- 市場販売目的のソフトウェアの制作費を無形固定資産に計上した場合，その後どのような会計処理が行われるかについて説明しなさい。

136　　第 5 章　配分と評価

- 将来の期間における資産除去のための支出の額について見積りの修正を行う場合，どのような会計処理が行われるかについて説明しなさい。
- 固定資産の減損処理によって，使用価値まで帳簿価額が切り下げられた場合，その後の損益計算にどのような影響が及ぶか説明しなさい。

── ケーススタディ

- A社は，退職給付債務の計算に適用される割引率について，市場利子率の動向を反映するため，0.5%程度の下落を反映させるべきかどうか検討している。A社は，どのような会計処理をしなければならないか説明しなさい。
- B社は，土地を取得するに際して，その土地を事業に利用している所有者に対して，土地の通常の取引価格に加算して，将来の営業利益を補償するための営業補償金を支払っている。この営業補償金の会計処理について，検討しなさい。
- C社が保有する棚卸資産について，その正味売却価額が取得原価を上回っているが，再調達原価が取得原価を下回っている場合，どのような会計処理が必要となるか説明しなさい。

第6章

資産負債アプローチ

本章の論点

論点 6.1：貸借対照表と損益計算書の関係から，連繋観と非連繋観が導出される。連繋観のもとで，さらに資産負債アプローチと収益費用アプローチが存在する。

論点 6.2：財務諸表の構成要素の定義に際して，資産負債アプローチが資産および負債を出発点とするのに対し，収益費用アプローチでは収益および費用を出発点とする。

論点 6.3：資産とは，過去の事象に起因して，報告主体が現在において支配する経済的資源であり，将来の経済的便益をもたらすものいう。資産の定義に関連しては，経済的資源，支配，過去の事象の起因性などが問題となる。

論点 6.4：負債とは，過去の事象に起因して生じる，現在の債務（経済的負担）であり，将来の経済的便益の犠牲を伴うものをいう。負債の定義に関連しては，債務性，過去の事象の起因性などが問題となる。

6.1 連繋観と非連繋観

会計学において，伝統的に，貸借対照表と損益計算書は，相互に密接に連

繋すべきであるという考え方がとられてきた。この考え方は，貸借対照表と損益計算書に関する**連繋観**（articulation view）とよばれてきた。これに対して，**非連繋観**（nonarticulation view）とは，貸借対照表と損益計算書は，必ずしも連繋すべきものではないとする考え方である。

連繋観では，貸借対照表と損益計算書は，それぞれ目的が異なるにせよ，一組の会計方針に従って作成され，両者は連繋していなければならないとされる。この考え方は，すでに述べたクリーン・サープラス関係にもつながる。後述する資産負債アプローチと収益費用アプローチは，連繋観を前提としている。

非連繋観では，貸借対照表と損益計算書は，それぞれ異なる目的に奉仕すべきであり，複数の異なる会計方針に従って作成することも許容される。典型的には，棚卸資産の評価に際して，貸借対照表は先入先出法で作成し，損益計算書は後入先出法によって作成することなどが考えられる。また，損益計算書と連繋する原価ベースの貸借対照表に加えて，時価ベースの（もう一つの）貸借対照表を作成すべきと主張されることがある。ここで，時価ベースの貸借対照表は，損益計算書とは必ずしも連繋していない[1]。

現行の会計実務でも採用されている，その他有価証券の評価差額金を純資産直入処理する方法では，損益計算書と貸借対照表が厳密な意味では連繋していない。損益計算書では原価基準，貸借対照表では時価基準というように，異なる会計方針が採用されているからである。このような非連繋の状態を解消するために，評価差額金の増減は，その他の包括利益として損益計算書に追加的に表示し，さらに貸借対照表の純資産と連繋する包括利益を表示することによって，損益計算書（および包括利益計算書）と貸借対照表との連繋を確保すべきであると主張される。

---

1 もっとも，このような主張は，すでに金融商品等の時価情報の注記によって達成されつつある。貸借対照表は，原価ベースで作成され，損益計算書と連繋している。

6.2　収益費用アプローチと資産負債アプローチ

　貸借対照表と損益計算書の連繋観を前提とする場合，資産・負債・資本・収益・費用という，財務諸表の構成要素は相互に関連するものとなる。これらの財務諸表の構成要素を定義するにあたって，資産および負債というストックを基点に定義するか，収益および費用というフローを基点に定義するか，いずれのアプローチ（接近方法）をとるかということが問題となる。

　資産負債アプローチ（asset and liability view）では，まず，資産と負債に概念的優位性があるとみて，資産と負債を他の要素とは独立に定義する。すなわち，一般的に，資産とは，企業が支配する現在の経済的資源であり，負債とは，企業が負う現在の経済的負担[2]と定義される。そのうえで，資本は，資産から負債を差し引いた差額として定義される。さらに，資本の増加（すなわち，資産の増加または負債の減少）は収益と定義され，資本の減少（すなわち，資産の減少または負債の増加）は費用と定義される（ただし，株主などの出資者との取引である拠出や配当は除く）。利益は，このような収益から費用を控除した差額であり，それは同時に資本の一期間における純増加額を表している。

　資産負債アプローチでは，貸借対照表には，資産および負債の定義を満たす項目，さらには両者の差額である資本のみが計上される。資産および負債の定義を満たさない項目（または満たされなくなった項目）は，貸借対照表に計上されず，その期の収益または費用とされ，利益を構成することになる。このため，利益は，貸借対照表において認識された資産と負債に依存するため，その中には企業の業績と直接的な関係が希薄な項目も含まれてしまう可

2　権威ある概念フレームワークでは，負債は，現在の債務（obligation）と定義されることが多い。この債務は，法律上の債務よりは広義の概念である。ここでは，そのニュアンスを表現するため，「経済的負担」とした。（なお，新井清光・川村義則『新版 現代会計学（第 2 版）』中央経済社，2018 年，117–118 頁参照。）

140　第 6 章　資産負債アプローチ

能性がある。

これに対して，**収益費用アプローチ**（revenue and expense view）では，収益と費用を対応させる形で，企業活動の成果を表す利益が定義される。利益は，企業に帰属するキャッシュフローのうち，当期中における企業活動からの正味の成果として配分されるものである。そこでは，資産と負債は，損益計算の結果として導出される。すなわち，当期中のキャッシュフローと利益との差額が資産および負債として繰り延べられる。典型的には，資産を「繰延費用」とみる考え方に表れている。

FASB および IASB の概念フレームワークでは，資産負債アプローチが重視されているといわれている。資産負債アプローチは，歴史的には，収益費用アプローチの適用に起因する，資産性・負債性に乏しい貸借対照表項目を除去する役割を果たしてきた。しかし，現実の会計は，資産負債アプローチまたは収益費用アプローチのいずれか一方によって組み立てられているものではない。むしろ，資産負債アプローチと収益費用アプローチを状況によって使い分けるハイブリッド型とみるべきであろう。

その使い分けは，後述するように，定義の局面で行われる場合もあれば，認識・測定の局面で行われる場合もある。また，業種によっても異なってくるであろう。例えば金融業は，資産負債アプローチが適合する範囲が大きく，製造業や小売業などは，収益費用アプローチが適合する範囲が大きいと考えられる。最終的には，それぞれのアプローチを適用すべき程度は，社会的なコスト・ベネフィット分析を通じて決定されるべきものである。

6.3　資産および負債の定義

（1）資産負債アプローチの適用

資産負債アプローチの適用の問題には，大別して，財務諸表の構成要素の定義のレベルの問題と，認識および測定のレベルの問題がある。

定義のレベルでは，資産負債アプローチは，まず資産および負債を定義し，これらに基づいて資本，収益および費用を派生的に定義する。資産負債アプローチを定義のレベルにおいて適用する限りにおいては，ストック（資産・負債・資本）とフロー（収益・費用）との構造的な関係を説明しているだけであるので，幅広い支持が得られている。

しかし，認識・測定のレベルでは，資産負債アプローチは，定義を満たした資産および負債について，それらを表す価値で適時に認識することを指向する。そのため，資産負債アプローチの適用対象を認識・測定のレベルにまで拡大することは，公正価値会計に結びつくと考えられており，議論のあるところである。

(2) 資産の定義とその適用例

A. 資産の定義

資産とは，過去の事象に起因して，報告主体が現在において支配する経済的資源であり，将来の経済的便益をもたらすものいう。

経済的資源（economic resources）とは，将来の経済的便益をもたらす，希少性のある能力を備えた資源をいう。将来の経済的便益（future economic benefits）は，用役潜在力（service potentials）ともよばれる。究極的には，報告主体にキャッシュフローをもたらす能力を指すと考えられる。

過去の事象への起因は，通常，購入等の取引の存在が前提となる。このため，自己創設の項目を認識しない根拠として用いられることもある。

法的所有権の存在は，当該報告主体の資産となる決定的要因とはならない。当該報告主体が当該資源を**支配**（control）しているか否かが，重要と考えられている。支配の概念は，法律的な議論からは切り離されており，様々な局面の会計処理に際して，適用されている。

　　支配概念　　支配概念は，例えば，資産の認識および認識終了の局面で機能する。資産の認識の局面においては，報告主体が経済的資源を支配

142　　第6章　資産負債アプローチ

しているか否かが認識の判断基準となる。また、資産の認識終了の局面においては、報告主体による経済的資源に対する支配が移転したか否かが認識終了の判断基準となる。最近では、収益の認識に際して、売手の有する財および用役に対する支配が買手（顧客）に移転したか否かが問われるようになっている。

　また、連結の範囲の決定に際しても、支配概念は適用されている。しかし、その際における支配概念は、支配の対象を支配される報告主体（子会社）の意思決定機関としており、資産の認識および認識終了の局面で適用されている（経済的資源を支配の対象とする）支配概念とは異なっている。

資産の定義と認識の役割分担をどう考えるかについては議論がある。認識されるものだけを資産として定義するならば、定義と認識は一体となる。定義を満たすもののうち、一定の認識基準を満たすものだけを認識するとする場合、資産の定義と認識を別個に考えることになる。

　まず、蓋然性（probability）を資産の定義に含めるかが問題となる。蓋然性は、米国 FASB の概念フレームワークでは資産の定義に含まれるが、IASB の概念フレームワークでは定義に含まれず、認識基準の一つとされる。資産の定義は（蓋然性を要求しないことによって）広くしておいて、認識の段階で蓋然性を要求することによってその範囲を限定する考え方が、最近の傾向である。

　また、測定可能性（measurability）を資産の定義に含めるかも問題となる。実際に貸借対照表に記載される資産は、合理的に（信頼性をもって）貨幣額として測定可能なものに限られる。以前は、資産を合理的に貨幣額で測定可能なものに限定して定義する考え方が多数説であったが、現在では、測定可能性も、資産の認識基準の一つに位置づけられることの方が多いように思われる。測定可能性のあるものだけを資産と定義する場合、事実上、資産の定義は、認識される資産を定義することとなってしまうからである。

6.3　資産および負債の定義　　**143**

B. 適用例 ― リース

　典型的には，ファイナンス・リース取引によって調達したリース物件が資産の定義を満たすかどうかが問題とされる。借手は，通常，リース物件の所有権を有しないものの，支配している。ゆえにファイナンス・リース取引によって調達したリース物件は，資産の定義を満たし，借手の貸借対照表に資産として認識されると説明される。このような説明は，ファイナンス・リース取引が実質的な資産の売買取引であるとみる考え方に基づいている。このことをもって，しばしば，会計が，法的形式ではなく，経済的実質を重視する考え方（substance over form；**実質優先主義**）を採用していると主張される。

> **使用権概念**　　新しい IFRS 16「リース」では，リース契約に含まれるリース物件の使用権に着目する考え方が採用されている。リース契約によって，借手は，リース物件を使用収益する権利（使用権）を有することになるので，この使用権を貸借対照表に資産として認識するとされる。
>
> 　使用権概念のもとでは，ファイナンス・リースとオペレーティング・リースの区別は必要ない。すべてのリース契約には，借手に対する使用権の付与が含まれており，すべてのリース契約について，使用権を資産として認識するという，単一のリース会計モデルを適用する基盤が与えられた。
>
> 　翻って，伝統的な実質優先主義に従って「法的形式よりも経済的実質」を主張するまでもなく，リース契約に含まれる使用権を資産として認識すべきであるという主張は，法的形式の枠組みの中においても議論することが可能なものである。

　一方，貸手は，ファイナンス・リース取引によっても，通常は所有権を留保するが，リース物件に対する支配を喪失する。このため，貸手は，リース物件について資産としての認識終了（売却）の処理を行う。

C. 適用例 ― のれん

　のれんは，間接的ではあるが（他の資産と共に使用することによって），将来のキャッシュフローの獲得に貢献するので，将来の経済的便益であると認められている。（なお，報告主体が識別可能性の乏しいのれんを支配する実質的な手段があるかどうかについては，議論がある。）

　買入のれんは，対価を支払っているので，客観的な測定が可能である。このため，買入のれんを資産として認識することについては，異論がほとんどない。他方，自己創設のれんは，測定可能性に乏しく，資産として認識されない。（多くの自己創設無形資産について，同様の議論がなされる。）

　わが国の「討議資料」においては，自己創設ののれんは，企業の投資のポジションとその成果を開示するという財務報告の目的に反するので，その認識は認められないと説明されている。自己創設ののれんを認識することは，経営者の期待を（事実として確認をすることなしに）開示することとなる。このことは，事実の開示に基づいて投資者が自己責任によって投資を行うという，資本市場規制の枠組みとも矛盾する。

D. 適用例 ― 繰延資産

　繰延資産を計上する会計処理の背景には，費用収益の「対応」を至上命題とする考え方（損益法原理，収益費用アプローチ）がある。将来の収益に対応する費用は，繰り延べられ，資産として計上される。その結果，本来，将来の経済的便益（キャッシュフロー）を生み出さないような費用も，資産として計上される余地があった。

　その反省として，資産および負債の定義を重視する考え方（資産負債アプローチ）が重視されるようになった。典型的には，将来の経済的便益が生じない「繰延費用」は，資産ではないとされる。

　確かに，繰延資産には，必ずしも，個別に分離して売却できるような意味での換金性はない[3]。しかし，将来のキャッシュフロー（経済的便益）を，

3　このため「擬制資産」とよばれる。逆に換金性のある資産は「真性資産」とよばれる。また，繰延資産は，かつての商法上は，「財産」とはみなされてこなかった。

6.3　資産および負債の定義　**145**

間接的な意味においてでも，生み出すと認められれば，繰延資産であっても資産の定義を満たす可能性がある。

現行の日本基準では，研究開発費は，すべて発生した期の費用として処理される。しかし，IFRS では，一定の要件を満たした開発費は資産として認識される。この会計処理の背景には，研究段階の支出は，将来のキャッシュフローをもたらす蓋然性が低いが，開発段階に至れば，製品化によりキャッシュフローをもたらす蓋然性が認められるという事実認識がある。

E. 適用例 — 繰延税金資産

米国においては，当初，税効果会計の方法として繰延法（収益費用アプローチ）が採用されていた。繰延法のもとでは，会計上の収益・費用と課税所得計算上の益金・損金との差額のうち，当期の期間差異（timing differences）が把握され，これに当期の税率を乗じて得られた額を繰延税金（借方または貸方）として繰り延べる。

したがって，繰延税金の額は，過去の期間において繰り延べられた金額の残高であり，異なる時期に異なる税率によって繰り延べられた金額が累積されている。さらに，期間差異の解消時において過年度の税率で計算した繰延税金が損益に振り替えられる。その結果，繰延税金の残高が積極的な意味をもたなくなる場合もあったため，しばしば資産性（負債性）に疑問があると指摘されてきた。とくに過年度の税率で計算していることと，回収可能性（支払可能性）が反映されていないことが問題とされていた。（すなわち，繰延法によって認識された繰延税金が，資産（負債）の定義を満たすかどうかが問題とされた。）

このような背景をもとに，米国では，1990 年代において税効果会計に資産負債法（資産負債アプローチ）が採用されるに至った（FAS 109）。資産負債法では，まず，期末現在の会計上の資産および負債の簿価と税務上の資産および負債の金額との差異（一時差異；temporary differences）を把握する。この一時差異に対して将来の予定税率を乗じて，繰延税金資産または繰延税金負債を認識し，繰延税金資産または繰延税金負債の当期増減額を法人税等

146　第 6 章　資産負債アプローチ

調整額として計上する。

　さらに，資産負債法では，繰延税金資産の回収可能性（および繰延税金負債の支払可能性）がより厳密にチェックされる。将来の課税所得等によって将来減算一時差異（および繰越欠損金等）が相殺される（すなわち，回収される）限りにおいて，繰延税金資産を資産として認識することが認められる。極論としては，繰延税金資産について，繰越欠損金等に係るものは認識すべきではないという議論もある（FAS 96）。繰越欠損金を有する企業については，将来の課税所得の発生に合理的な疑念が生じているからである。

　<u>税効果会計と割引計算</u>　　繰延税金資産および繰延税金負債については，割引計算を行うべきであるという議論もある。繰延税金資産も，将来の課税所得が減額され，将来の税額が減額されるという意味において，資産性が認められるものであるから，当該税額の減少（キャッシュフロー）の時間価値を反映すべきであると主張される。繰延税金負債についても，将来の課税所得の増加に伴って将来の税額が増加するという意味で負債性が認められるものであるから，割引計算を主張することができる。

　しかし，割引計算は，キャッシュフローが生じる時期の見積りが必須であるが，一時差異等については，その解消の時期を信頼性をもって見積もることが困難であるので，一般に，税効果会計において割引計算は行われていない。また，そもそも一時差異は，多くの場合，割引後の資産の簿価と税務上の金額との差額であり，したがって，そのような一時差異に税率を乗じた繰延税金資産（および繰延税金負債）にはすでに時間価値が反映されており，将来のキャッシュフローのタイミングを見積もって割引計算をするまでもないという意見もある。

F. 適用例 ― 繰延ヘッジ損失

　繰延ヘッジ会計を適用する場合，ヘッジ手段（デリバティブ）に係る損益は，将来の期間においてヘッジ対象に係る損益が認識されるまで，繰り延べ

6.3　資産および負債の定義　　**147**

られる。このときに生じる繰延ヘッジ損失（または繰延ヘッジ利益）は，「金融商品に係る会計基準」（1999年）において，資産（または負債）として繰り延べる処理が定められていた。しかし，この繰延ヘッジ損失（または繰延ヘッジ利益）は，将来の経済的便益（または義務）を表すものではないため，資産（または負債）として貸借対照表において認識すべきではないと指摘されていた。

現行の企業会計基準第10号「金融商品に関する会計基準」では，繰延ヘッジ損失（または繰延ヘッジ利益）は，純資産の部における株主資本以外の項目（評価・換算差額等の一項目）として表示される。この表示によって，資産（または負債）の定義を満たさない繰延ヘッジ損益が貸借対照表において資産（または負債）として認識される事態は回避された。

この他にも，割賦販売を回収基準（未実現利益控除法）によって会計処理した場合の繰延割賦売上利益，返品調整引当金，セール・アンド・リースバック取引に付随する長期前払費用または長期前受収益などについても，同様の問題が指摘される。

G. 適用例 ― 臨時巨額の損失

「企業会計原則注解」において，「天災等により固定資産又は企業の営業活動に必須の手段たる資産の上に生じた損失が，その期の純利益又は当期未処分利益から当期の処分予定額を控除した金額をもつて負担しえない程度に巨額であつて特に法令をもつて認められた場合には，これを経過的に貸借対照表の資産の部に記載して繰延経理することができる。」（注15）と定められている。

この規定は，鉄道事故，公害補償等を想定したものといわれてきた。最近では，東日本大震災後，水産業の復興のため，水産業協同組合法施行規則第110条第3項第5号の特例として，農林水産大臣の承認を受けた「特定震災損失」を繰延資産に属させることができるようにするとともに，同第192条の特例として当該損失について，支出の日以後10年以内に償却することが認められた[4]。

原子力廃止関連仮勘定　「原発依存度低減に向けて廃炉を円滑に進めるための会計関連制度について」（総合資源エネルギー調査会 電力・ガス事業分科会 電気料金審査専門小委員会 廃炉に係る会計制度検証ワーキンググループ，2015 年 3 月）が公表され，「資産の残存簿価，核燃料の解体費用等，廃炉に伴って発生する費用を一括して計上するのではなく，資産計上したうえで，一定期間をかけて償却・費用化することを認める会計制度」が導入された。この制度においては，廃炉施設の簿価（および将来の解体費用等）は，「原子力廃止関連仮勘定」に振り替えられ，10 年間で定期償却される。

　この制度の目的は，廃炉費用等の費用負担の期間平準化を図り，料金によって長期にわたって回収することにある。廃炉費用等を一時の損失とすることによる財務的な負担を軽減し（一時的な債務超過の回避等），電力の安定供給を図ろうとするものである。

　「原子力廃止関連仮勘定」は，その本質は繰延損失であるから，資産の定義を満たさない。（なお，米国基準においても，料金規制対象産業では「被規制資産」として繰り延べられる可能性がある。）

(3) 負債性が問題となる項目

A. 負債の定義

　負債とは，過去の事象に起因して生じる，現在の債務（経済的負担）であり，将来の経済的便益の犠牲を伴うものをいう。

　現在の債務（present obligations）には，法的債務（legal obligations）の他に，推定的債務（constructive obligations）も含まれる。将来の経済的便益の犠牲（sacrifices of economic benefits）は，通常，現金支出により行われる。

　わが国では，一般に，負債は，法律上の債務と（純）会計上の負債とに大別される。法律上の債務には，確定債務と条件付債務（債務性引当金）があ

4　増子敦仁「東日本大震災に対する特例的会計処理——危機を乗り越えるための手段として「臨時巨額の損失」の活用を——」（『経営論集』79 号（2012 年 3 月））。

6.3　資産および負債の定義　**149**

る。これに対して，会計上の負債（非債務性引当金）は，その履行を回避することが可能なものであるが，損益計算目的（引当金の設定による費用計上）のために負債として計上されるものである。

B. 適用例 — 保証債務

　保証債務は，**偶発債務**（contingent liability）の典型例である。保証人は主たる債務者が支払不能となるまでは潜在的な債務を負うにとどまるので，保証債務は，これを無対価で負担する場合には，原則として，貸借対照表において認識されない（ただし，注記は必要である）。しかし，主たる債務者が支払不能に陥り，保証人が主たる債務者の債務を代位弁済することによって得られる求償権について回収不能となる可能性が高くなると，債務保証損失引当金を設定しなければならない。

　これに対して，金融資産の譲渡取引に際して，対価の一部として新たに保証債務を負担する場合，財務構成要素アプローチによって，当該保証債務は独立の負債として時価をもって認識される。

　待機中の債務　偶発債務の会計処理は，伝統的には，蓋然性アプローチによって行われてきた。すなわち，偶発債務は，蓋然性が高いものに限って認識される。その測定は，最も生起しやすい金額（最頻値；best estimate）による。

　このような伝統的な会計処理に対して，IASBでは，「待機中の債務」（stand-ready obligation）という考え方が検討されてきた。偶発債務でも，「待機中の債務」は，現時点においてすでに無条件に存在していると考える。例えば，保証債務は，将来における主たる債務者の債務不履行に備えて，現時点で，無条件の待機中の債務が存在している，とみる。

　この考え方では，将来の条件付債務と現在の無条件債務（待機中の債務）を概念的に区別する必要がある。待機中の債務は，現在すでに存在している無条件の債務であり，その測定は将来のキャッシュフローをその生起確率で加重平均した期待値による（期待キャッシュフロー・アプ

150　　第6章　資産負債アプローチ

ローチ）。

期待キャッシュフロー・アプローチ（IAS 37 公開草案）では，負債の認識に際して蓋然性の高さは問われない。負債の測定は，将来キャッシュフローの期待値によるため，蓋然性（生起確率）は，測定額に反映される。例えば，蓋然性の低い債務は，測定額としては少額であっても，負債（待機中の債務）として認識されることになる。その一方で，期待キャッシュフロー・アプローチによると，あまりに雑多な項目を待機中の債務として認識することにつながり，財務諸表の有用性が低下すると懸念する意見もある。確かに，伝統的な蓋然性アプローチは，一定の蓋然性を備えていない将来事象を財務諸表において認識しないためのカットオフ要件として機能してきたとも解釈できる。

C. 適用例 ― 返品調整引当金

返品調整引当金は，将来の返品によって生ずる損失（当期においてすでに認識した利益）に備えて設定される引当金である。売主が返品に応じる債務を表しており，負債性引当金の一種であると解される。

しかし，返品調整引当金の本質が当期に認識した販売益のうち返品によって実現しないとみなされるものを繰り延べたもの（すなわち，繰延利益）にあるとする見解もある。この見解では，返品調整引当金の負債性（とくに債務性）が問題視される。

このような負債性に疑問がある返品調整引当金の認識を避けるためには，そもそも返品の可能性の高い商品販売については，そもそも返品のリスクが解消されるまで，売上収益を認識すべきではないとも考えられる。

D. 適用例 ― 繰延割賦売上利益

割賦販売の収益認識を回収基準に基づいて行う場合で，かつ，いわゆる未実現利益控除法[5] を採用する場合，当期中に販売した商品に係る販売益のう

5　未実現利益控除法という表現については，すでに実現した利益を繰り延べているのであるから，適切ではないという意見もある。この意見に基づくと，この方法は利益繰延法とでも表現すべきものであろう。

6.3　資産および負債の定義　　**151**

ち未回収の割賦売掛金に対応する部分が繰延割賦売上利益として次期以降に繰り延べられる。

この繰延割賦売上利益については、これを繰延収益として負債に計上し、割賦売掛金が回収されるに応じて収益に戻し入れる会計処理が考えられる。しかし、繰延割賦売上利益は、当該企業が将来において経済的資源を引き渡す義務を表すものではないから、負債性が問題視される。

このため、繰延割賦売上利益は、割賦売掛金から控除すべき項目であるとする資産控除説も主張される。ただし、資産控除説による場合、債権である割賦売掛金が原価（＝売価－利益）で表示されるという、別の問題が生じる。利益を控除した割賦売掛金は、実質的に、割賦販売商品を表しているとも考えられる。

また、未実現利益控除法ではなく、いわゆる対照勘定法を採用して、割賦売掛金が回収されるのを待ってその回収額を収益として認識すれば、繰延割賦売上利益が貸借対照表に計上されることはなくなる。

E. 適用例 ― セール・アンド・リースバック取引に係る長期前受収益

セール・アンド・リースバック取引では、形式的には売却した物件について、リースバックをすることにより、実質的に当該物件の使用を継続することができる。リースバック取引によって以前に保有していた資産に対する継続的関与があることから、セール・アンド・リースバック取引によって当該資産に対するリスクと経済価値が売手（＝借手）から買手（＝貸手）に移転したとはいえない面がある[6]。

会計基準上、セール・アンド・リースバック取引については、売却（セール）取引を売却処理によって会計処理したうえで、リースバック取引がファイナンス・リース取引に該当するか否かが判定される。リースバック取引がファイナンス・リース取引に該当する場合、リースバックした物件をリース資産として認識するとともに、リース料の支払義務をリース債務とし

---

6 セール・アンド・リースバック取引に類似する、買戻条件付き販売（クロス販売）は、金融商品を対象とする場合、売却処理が認められない。

152　第6章　資産負債アプローチ

て認識する。さらに，売却処理によって生じた売却益は，当該取引が行われた期に直ちに収益として認識することはせず，繰り延べられることになる。すなわち，当該売却益は，貸借対照表において長期前受収益として負債に計上され，リース期間にわたって収益に戻し入れられる（売却損が生じる場合には，貸借対照表において長期前払費用として資産に計上され，リース期間にわたって費用に振り替えられる）。

　このように繰り延べられた固定資産の売却益については，負債の定義を満たすかどうかが問題となる。一般的には，繰り延べられた売却益は，リースバック取引の借手にとって債務を表すものではないから，負債の定義を満たさないと考えられる。この問題を回避するためには，そもそも売却（セール）取引について，資産の売却処理を行うべきではないのかもしれない。あるいは，売却益は，長期前受収益ではなく，純資産の部において評価・換算差額等（その他の包括利益累計額）の一項目として繰り延べるべきであるとも考えられる。

F. 適用例 ── 資産除去債務

　そもそも企業にとって，保有している資産を除去する債務が存在しているかが問題となる。例えば，企業が所有する土地において使用しない資産を長期間にわたり放置しておくことも，（企業倫理的な問題を度外視すれば）可能な場合もあろう。このような場合においては，債務が存在しているとはいいきれない。

　現行の企業会計基準第18号「資産除去債務に関する会計基準」においては，負債として認識される資産除去債務は，法律上の義務およびそれに準ずるものとされている（第3項（1））。したがって，資産除去債務は，「法令又は契約で要求される法律上の義務だけに限定されない」（第28項）ことになり，実務的には，多くの建物等について資産除去債務が存在していると考えられている。（もっとも，資産除去債務の認識は，その測定が信頼性をもって可能となった時点とされているので，債務の存在が直ちに認識につながるわけではない。）

6.3　資産および負債の定義　　**153**

なお，このような債務の延長として，広く「環境負債」を貸借対照表において認識することが主張されることがある。しかし，環境を擬人化して環境に対する債務を企業の貸借対照表において認識する会計処理は，伝統的な財務会計の枠組みを超越するものであり，一般的な支持を得るには至っていない。

G. 適用例 ― 利益留保性引当金

　「企業会計原則」の解釈上，利益留保性引当金は，負債として認識されず，任意積立金として計上すべきものと位置づけられている。利益留保性引当金は，例えば，将来の記念事業のための支出を対象として引当金を設定するといったものであり，その対象となる将来の支出を当期の費用（繰入額）として引当計上することが妥当ではないと考えられているものである。

　また，特別法上の準備金（例えば，金融商品取引法における金融商品取引業者が積み立てるべき金融商品取引責任準備金）の中には，負債として表示することが強制されるものの，会計学上は利益留保性引当金と位置づけられるものがある。法令によって負債として計上する場合には，その旨が明らかとなるような表示をすることが要求されている。

H. 適用例 ― 事業再構築引当金

　将来における従業員の早期退職や事業からの撤退から生じる支出等に備えて事業再構築引当金等の名称で引当金（いわゆるリストラ引当金）を設定することがある。このような引当金は，すでに経営者が事業再構築の内容を公表している場合（コミットメントがある場合）など，現実的に支出を実行することから免れる手段がない場合には，負債性が認められる。

　しかし，将来のコミットメントから免れる手段が存在し，少なからずその債務性が疑問視されるようなケースもある。このようなケースでは，実質的な利益操作（費用の前倒し計上）に該当するのではないか検討を要する。

I. 適用例 ― 負ののれん

　企業結合において，非結合企業の純資産よりも取得対価が小さい場合には，いわゆる負ののれんが生じる。

154　第6章　資産負債アプローチ

この負ののれんについては，正ののれんの逆の現象（マイナスの超過収益力）としてとらえ，負債として繰り延べ，将来の期間にわたって償却益を利益に戻し入れていくという処理が考えられる（企業会計基準第 22 号「連結財務諸表に関する会計基準」2008 年改正前における取扱い）。

　しかしながら，負ののれんの未償却残高は，将来の経済的便益の犠牲を伴う現在の債務としては認められない。このため，負ののれんは，現行の会計基準（2008 年改正後）に基づくと，負債として認識されるのではなく，発生した時点において収益（負ののれん発生益（特別利益））として処理される。負ののれんは，被結合企業の純資産を安価に取得できたこと（低廉取得；bargain purchase）による利益と考えられる。

　もっとも，負ののれんに負債性がないとしても，これを特別利益として処理する以外に他の代替的な会計処理がないわけではない。例えば，資産の低廉取得益とみて，有形資産の帳簿価額に比例的に配分する方法，資本剰余金または利益剰余金に直接加算する方法なども主張しうる。

J. 適用例 ― 国庫補助金

　国庫補助金（その他，工事負担金等を含む）のうち，特定の資産の取得に充当されるもの（いわゆる資本助成目的のもの）については，従来から様々な議論があった。

　まず，資本助成目的の国庫補助金については，かつては，これを株主に処分できる利益の計算から除外して，資本剰余金として処理すべきであるとすると主張されていた。しかしながら，利益ではなく資本剰余金として処理する場合，一方的な費用計上によって贈与の目的が財務諸表に反映されないうえに，株主以外からの資本拠出を認めることについては法律（商法）上の問題も指摘され，実務上は採用されていなかった。

　さらに，国庫補助金を収益（受贈益）として計上する場合，それを直ちに課税の対象としないために，法人税法上，圧縮記帳を行うことが認められている。直接控除方式を採用する場合，固定資産の帳簿価額のうち国庫補助金によって取得した部分が圧縮損の計上に伴って減額（圧縮）されることから，

6.3　資産および負債の定義　　**155**

当該部分が簿外処理されるという問題が指摘されている。（この簿外処理については，資産として存在するにもかかわらず貸借対照表から除外されることから，商法に違反するという見解もあった。）積立金方式の場合，簿外資産が生じるという問題は回避されるが，財務会計上は，受贈益が取得した期において生じる一方で，それに対応する費用が減価償却を通じて将来の期間（耐用年数）にわたって配分されるということになるため，受贈益を一時に認識してしまうという問題は未解決のまま残ることになる[7]。

　そのため，国庫補助金の繰延処理が主張されることがある。この処理では，国庫補助金を繰延収益（繰延負債）として貸借対照表において負債として繰り延べ，減価償却費が計上されるに応じて国庫補助金の取崩益を収益として計上する。この場合，国庫補助金の残高は，将来の期間において戻し入れられる収益の額を表すことになるが，現在の債務を表すものではないという疑問が残る[8]。

6.4　認識と認識終了

（1）金融資産および金融負債の定義と認識

　金融資産および金融負債の認識[9]（「発生の認識」ともいう）は，契約の時

7　積立金方式による場合，受贈益に相当する額の圧縮積立金が積み立てられる。圧縮積立金の積み立てに伴う繰越利益剰余金の減少が，課税所得計算上は損金と認められ，益金たる受贈益と相殺される。その後の期間においては，減価償却費の計上に対応させる形で，圧縮積立金を取り崩していくことになるが，圧縮積立金の取崩額は，繰越利益剰余金を直接増加させるものであるから，課税所得計算上は益金として扱われるものの，財務会計上は収益に戻し入れられるわけではない。

8　非営利法人（とくに公益法人）会計では，このような国庫補助金は，正味財産の部において一般正味財産とは区別される指定正味財産などとして繰り延べる会計処理が行われている。

9　企業会計基準第10号「金融商品に関する会計基準」において，金融資産および金融負債の認識は，とくに「発生の認識」とよばれている。これに対して，金融資産および金融負債の認識終了は，「消滅の認識」とよばれている。いずれも，認識の対象が，金融資産および金融負債の発生や消滅となってしまっており，認識の本来的な意味とずれてしまっている。

156　第6章　資産負債アプローチ

点において行われる（契約基準）。契約の時点において，当該金融資産および金融負債を表す権利および義務がそれぞれの当事者に生ずるからである。このような認識は，資産および負債の定義（さらには資産負債アプローチ）と整合的である。

　ただし，契約時点において金融資産および金融負債を認識する約定日基準に代えて，契約時点から生じる価格変動のみを認識し（公正価値会計が適用されているものに限る），受渡しの時点で金融資産と金融負債を認識する修正受渡日基準も認められている。

(2) 金融資産および金融負債の定義と認識終了

　金融資産の**認識終了**[10]（認識中止または「消滅の認識」ともいう）は，金融資産に対する支配が移転した時点において行われる。支配の移転に基づく認識終了の会計処理は，支配の存在を要件とする資産の定義と整合的である。

　認識終了が認識と対称的な関係にあるべきかどうかについては，議論のあるところである。財務諸表へのオンとオフを意味する認識と認識終了は，理論的には同一の認識（認識終了）基準を適用し，対称的な扱いが行われるべきとも考えられる。これに対して，いったん認識した金融資産を認識終了するにあたっては，認識基準よりも厳格な認識終了基準が用意されるべきであるとする考え方もある。認識終了によって金融資産に関する情報が失われるよりも，既存の金融資産を引き続き認識しつつ，新たな資金調達取引を追加的に認識する方が，貸借対照表から多くの情報が得られるから，いったん認識した金融資産についてはその認識終了を慎重に行うべきであるとする。

　金融資産の認識終了の会計処理は，財務構成要素アプローチによって行われている。財務構成要素アプローチでは，金融資産を複数の財務構成要素（financial components）に分解し，財務構成要素ごとに部分的な譲渡や留保が識別される。この会計処理は，資産（および負債）について会計処理を行

10　前注を参照。

6.4　認識と認識終了　**157**

う計算の単位（unit of account）をどのように設定するかという問題を惹起している。譲渡された財務構成要素と留保された財務構成要素は，それぞれ従前の帳簿価額に基づいて測定される。対価として新たに受け入れた資産および負債は，その時点における公正価値によって測定される。

　金融負債の認識終了の会計処理は，法的な免責があった時点において行われる。この会計処理は，現在の債務に着目する負債の定義と整合的である。

章末問題

正誤問題

わが国の会計制度または会計基準に基づいて，次の文章の正誤を答えなさい。

- 法律上の債務は，すべて負債として貸借対照表に計上しなければならない。
- 繰延資産として計上した創立費は，5年以内の期間において定額法によって償却しなければならない。
- 繰延税金負債については，将来加算一時差異に将来の予定実効税率を乗ずることによって求められるが，繰延税金資産については，将来減算一時差異に将来の予定実効税率を乗じて得られた額のうち，将来の課税所得等によって回収可能な部分のみが計上される。
- わが国の会計基準においては，非支配株主持分に帰属するのれんを貸借対照表に計上することは認められていない。
- 国庫補助金を受け入れて固定資産を購入し，受贈益に相当する額を圧縮記帳により固定資産の帳簿価額から直接減額した場合，繰延税金負債を計上する必要はない。
- 企業結合において，被取得企業の識別可能純資産の時価を取得対価が下回る場合，負ののれんを負債として計上し，20年以内の合理的な期間にわたって償却しなければならない。

研究問題

- 資産，負債，資本，収益および費用の関係について説明しなさい。
- 資産および負債の定義を満たす項目は，すべて貸借対照表においてその価値を表す金額で認識すべきであるという意見がある。この意見について論評しなさい。

158　　第6章　資産負債アプローチ

- 将来の事業再構築（リストラクチャリング）から生じる費用は，保守主義の観点から引当金を設定し，当期の費用として認識すべきであるとする意見がある。この意見について論評しなさい。
- 貸借対照表において，発生の可能性の高い偶発負債（偶発債務）は，負債として認識すべきであるが，発生の可能性の高い偶発資産は，資産として認識すべきではないという意見がある。この意見について論評しなさい。
- 自己創設のれんは，一般に貸借対照表において資産として認識すべきではないと説明される。その理由について説明しなさい。
- 前払金，前払費用，繰延資産および繰延ヘッジ損失について，比較して説明しなさい。
- 引当金と積立金について，比較して説明しなさい。
- 保証債務の会計処理について説明しなさい。
- 研究開発費の会計処理のあり方について，研究費と開発費とに分けて論じなさい。
- すべての金融商品に対して公正価値会計を適用すべきであるという意見がある。この意見について論評しなさい。

ケーススタディ

- 当期末において，A社は，将来の建物の修繕のための支出を見込んでいる。しかしながら，同社の資金計画によると，実際にその支出を行うことができるかは不明確である。しかし，支出を行わない場合には，当該建物を使用する事業に支障が生じることも考えられる。A社の行うべき会計処理について説明しなさい。
- B社では，主たる事業であるX事業の業績不振により，当期において税務上の繰越欠損金が生じている。B社は，当期末において繰延税金資産を計上することを検討しているが，B社が留意すべき事項について，説明しなさい。
- C社は，経済的耐用年数が20年の船舶について，期間7年のリース契約を締結し，当該船舶の使用権を取得した。当該リース契約の会計処理について，説明しなさい。
- D社は，東日本大震災によって被災し，全壊した建物について，その帳簿価額を資産として計上したままにすることができるか検討している。当該建物について，資産として計上し続けることが可能かどうか，述べなさい。

章末問題　**159**

第 7 章

会計主体論

本章の論点

論点 7.1：会計主体論には，資本主説と企業主体説がある。資本主説では，企業の所有主が会計主体とされる。企業主体説では，所有主から独立した経済主体である企業そのものが会計主体とされる。

論点 7.2：会計主体論に関連して，負債と資本の区分が問題とされてきた。現行の「貸借対照表の純資産の部の表示に関する会計基準」では，資産から負債を控除した純資産が表示され，純資産の中に株主資本とその他の項目が表示される構造となっている。

論点 7.3：連結の対象となる子会社の範囲は，支配概念に基づいて決定される。

論点 7.4：連結主体論には，親会社説と経済的単一体説がある。わが国では，伝統的に親会社説が支持されてきたが，経済的単一体説に整合的な会計処理が増えている。

論点 7.5：非連結子会社と関連会社に対する投資には，持分法が適用される。持分法は，一行連結とよばれるが，現行の会計基準においては，全部連結とはいくつかの点において相違している。

論点 7.6：企業結合は，複数の企業（事業）を一つの報告単位に統合することをいう。企業結合に対しては，現行の会計基準において，パーチェス法が統一的に適用されている。パーチェス法においては，被取得企業の識別可能資産および負債は，時価によって評価され，のれん（または負ののれん）が計上される。

論点 7.7：事業分離については，投資の継続か投資の清算かという判断基準に従って，会計処理が行われている。投資の清算と判断される場合には，事業分離から移転損益が認識される。

160

7.1 会計主体論

(1) 資本主説と企業主体説

　企業会計において貸借対照表の貸方側の構造を定義する際には，伝統的に，会計主体論の議論が援用されてきた。**会計主体論**とは，会計を誰の観点から行うかという「企業観」に関する理論であり，大きくは資本主説と企業主体説に分けて議論されてきた。

　資本主説（proprietary theory）では，企業の所有主が会計主体とされる。所有主の観点から会計の基礎概念を考えるので，資産および負債は，所有主に帰属するものととらえられる。資本は，資産から負債を控除した差額であり，所有主の持分を表す。等式でこの関係を表現すると，次のとおりである。

> **資産－負債＝所有主持分**

　一方，**企業主体説**（entity theory）では，所有主から独立した経済主体である企業そのものが会計主体とされる。貸借対照表の借方側は，企業主体が所有する経済的資源を表し，貸借対照表の貸方側は，企業主体に対する利害関係者の（広義の）**持分**（equity）を表すものととらえられる。負債と資本は，それぞれ債権者持分と所有主持分を表しており，企業主体に対する持分という意味で共通している。しかし，債権者と所有主の持分は，当該持分が表す請求権（claims）の優先劣後関係の点で異なる立場にある。

> **資産＝持分**
> 　　　**＝債権者持分＋所有主持分**

　さらに，資本主説のバリエーションの一つとして，残余持分説とよばれる会計主体論もある。残余持分説では，会計主体は残余持分権者と考えられ，残余持分権者の観点から財務諸表の体系を考えることが，他の利害関係者の目的にも合致するとされる。残余持分権者は，企業の最終的なリスク負担者

であり，それに帰属する持分は，資産から残余持分権者に優先する請求権者の持分を控除したものとして定義される。すなわち，次のような算式で示される。

資産－特定持分＝残余持分

この場合，負債には含まれないと考えられる項目であっても，残余持分権者に帰属しない請求権は，資本（残余持分）を構成しないということになる。つまり，残余持分説では，資本は残余持分権者の持分を表すという意味で，資本に単なる差額としてではない積極的な意味を与えている。

このような会計主体論は，一般に，企業の法的形態の中心が個人企業から株式会社へと移行し，所有と経営の分離の現象が観察されることを背景として，資本主説（残余持分説を含む広義の意味）から企業主体説へと発展してきたものとして説明されることが多い。しかしながら，これらの2つの理論は，常にいずれかの理論が普遍的に適用されるというよりも，現在の会計実務においては両方の系譜に属する会計処理が混在しているというのが実態であろう。

(2) 報 告 主 体

会計における基礎的前提の一つとして，企業実体（エンティティ）の公準の存在が指摘されてきた。この公準は，会計が行われる場所的限定を要請するものといわれ，ある企業実体に帰属する資産および負債並びにそれらの変動を対象として財務諸表が作成されることを意味している。

IASB の概念フレームワークでは，財務報告の主体として，**報告主体**（または報告実体；reporting entity）という概念が用いられている。報告主体は，法人格の場合もあれば，親子会社関係によって画定される企業集団の場合もある。個々の法人格が作成する財務諸表が個別（または単体）財務諸表であり，企業集団が作成する財務諸表が連結財務諸表である。

しかし，親子会社関係といっても，その定義は容易ではない（子会社の範

162　第7章　会計主体論

囲については，7.3 で後述する）。理論的には，作成される財務諸表が意思決定者にとって最も有用となるような範囲で，報告主体に含まれる子会社の範囲は決定されるべきものである。伝統的な視点からは，共通の支配（common control）下にある会社等を一つの報告主体とみて，（連結）財務諸表を作成すべきであろう。共通の支配によって指揮される経済活動は，これを統合して報告することが適切と考えられるからである。逆に，共通の支配の範囲内での取引等は，（連結）財務諸表の作成にあたって，相殺消去されるべきものである。

7.2　負債と資本の区分

(1) 問題の所在

　金融商品の複雑化に伴い，負債と資本の中間的な性格を有する金融商品が増加している。例えば，償還優先株式，劣後債，議決権のない株式，転換社債型新株予約権付社債などがあげられる。

　新株予約権（自社の発行する株式を原資産とするコール・オプション）をめぐっても，これを資本に含める会計処理と資本としない会計処理とが対立的に議論されてきた。確定的ではない潜在的な資本（条件付資本ともいわれる）を会計上の資本に含め，他の確定的な資本と同様に扱うことができるかが論点とされてきた。

　なお，連結財務諸表の作成目的をめぐって，親会社説と経済的単一体説とが対立的に議論されてきた。親会社説では，少数株主持分（非支配株主持分）は非資本項目（負債項目または負債と資本の中間項目）とされる一方で，経済的単一体説では資本を構成する項目と考えられてきた。この問題については，7.4 で詳しく述べる。

(2) 区分の目的

　負債と資本を区分する目的には，大別して次の2つがある。

　第1に，貸方項目（請求権）の優先・劣後関係を示すという目的である。貸借対照表の貸方項目は，企業の資産に対する請求権を表している。これらの請求権には，他の請求権に比べて優先するものまたは劣後するものが含まれている。負債（債務）は優先的な請求権を表し，資本（非債務）は劣後的な請求権を表す。この区分によって，利用者は，請求権の状況についてその大要を知ることができる。伝統的には，債務（優先区分）と非債務（劣後区分）に区分する2区分説が採用されてきた。しかしながら，理論的には，このような2区分説に限定される理由はなく，負債と資本との間に中間区分を設ける3区分説やより細分化する4区分説などが主張されうる。さらには，区分自体を廃して，請求権の配列によって優先劣後関係を示そうとする無区分説なども主張されることがある。

　第2に，利益計算の基礎となるストック概念（資本）を確定するという目的である。この観点からは，資本を他の請求権（非資本）から識別することが重要である。伝統的には，株主持分を先に定義し，残りを非株主持分とする。株主持分は，残余請求権者（普通株主）に帰属する持分として定義される（基本所有アプローチ；basic ownership approach）。株主持分は，原価や時価等により独立の測定値が付されることはなく，株主からの拠出額を累積した拠出資本と期間利益を累積した（配当等は控除する）留保利益から構成される。

　これに対して，資産負債アプローチに立脚して，持分（資本）を債務以外の請求権（すなわち，持分（資本）＝非債務）と定義し，持分の期間変動差額として利益（包括利益）を定義する考え方が台頭してきた。この考え方は，現在のIFRSなどにみられる考え方であり，貸方項目の請求権について所有と決済という性質に着目することにより持分の範囲を決定するので，「所有決済アプローチ」（ownership-settlement approach）とよばれる。持分には，普通株主以外の持分も含まれうる。例えば，IFRSでは，新株予約権者の持

164　第7章　会計主体論

分も，非支配株主の持分も，持分（equity）に含まれる。

（3）純資産概念の導入

　わが国では，企業会計基準第5号「貸借対照表の純資産の部の表示に関する会計基準」（2005年）の公表により，純資産の概念が導入され，純資産の部において株主資本の区分とその他の諸区分が表示されるようになった。この基準は，「討議資料　財務会計の概念フレームワーク」（2004年ワーキング・グループ版，2006年ASBJ版）を参考にしていると考えられている。それ以前は，貸借対照表の貸方は，負債の部と資本の部に2区分されていた。

　「討議資料」は，基本的に，資産負債アプローチの考え方に依拠し，資産と負債を定義したうえで，両者の差額として**純資産**を定義する。さらに，純資産の期中変動差額として包括利益を定義する（資本取引に起因するものを除く）。他方，純利益[1]の定義（リスクから解放された投資の成果）から，**株主資本**を定義する（期末資本＝期首資本＋純利益）。その結果，純資産と株主資本が2つの系統から独立に定義されることになる。

　さらに，両者のギャップとして，以下のような中間的な項目が発生することとなった。

● **評価・換算差額等**　　これは，債務ではない。また，リスクから解放された投資の成果として株主に帰属するものでもない。したがって，株主資本を構成せず，かつ，負債でもない。

● **非支配株主持分**　　子会社の非支配株主（少数株主）は，最終的なリスクを負担する残余持分権者（親会社普通株主）ではない。また，非支配株主に対する返済義務を表す債務でもない。したがって，非支配株主持分（少数株主持分）は，株主資本を構成せず，かつ，負債でもない。

1　2013年における企業会計基準第22号「連結財務諸表に関する会計基準」の改正により，連結財務諸表における当期純利益は，親会社株主と子会社非支配株主の両者に帰属する当期純利益と再定義されているので，現行の会計基準に従った当期純利益と「討議資料」にいう純利益とは，概念的に異なるものとなっている。

● **新株予約権**　　新株予約権者は，株主とは異なり，配当請求権や残余財産分配請求権などをもたないので，残余持分権者ではない。また，新株予約権者に対する返済義務を表す債務でもない。したがって，新株予約権は，株主資本を構成せず，かつ，負債でもない。

　評価・換算差額等の表示については，これを株主資本に含めるべきであるという意見がある。すなわち，評価・換算差額等も，広い意味では，株主持分に該当すると考えられる。例えば，現時点で当該企業を清算すれば，評価・換算差額等も，株主に対する残余財産分配の対象となる。また，連結財務諸表の作成上，親会社の投資と子会社の資本とを相殺するが，相殺の対象となる子会社の資本には，株主資本のみならず評価・換算差額等も含まれる。さらに，財務分析の実務においては，評価・換算差額等を含めた「自己資本」に対する利益率が重視されることもある。

　しかし，評価・換算差額等を株主資本に含めると，株主資本と純利益との間にクリーン・サープラス関係が切断される[2]。このため，評価・換算差額等は，ダーティ・サープラス項目とよばれることもある。

　また，包括利益の開示に伴い，連結財務諸表上は，評価・換算差額等は，「その他の包括利益累計額（accumulated other comprehensive income；AOCI）」として表示されている。その他の包括利益累計額も，個別財務諸表における評価・換算差額等と同様，株主資本以外の純資産の項目である。

　優先株式については，わが国では，株主資本に含めて表示されている。優先株式の中には，償還されるもの，累積的・非参加的なもの[3]，議決権のないものなど，社債と性格の類似したものが存在している。IFRS などでは，

2　なお，2013 年における企業会計基準第 22 号「連結財務諸表に関する会計基準」の改正により，株主資本とクリーン・サープラス関係を有するのは，「親会社株主に帰属する当期純利益」となった。

3　優先株式は，普通株式に優先して配当を受ける権利（優先配当請求権）が付与されており，その中には社債と性格（経済的機能）が極めて類似するものがある。優先配当を行ってもなお分配すべき額がある場合，その額の分配に対しても参加できるものを参加的優先株式，参加できないものを非参加的優先株式という。また，当期に定められた優先配当の支払いがなされなかった場合に，次期にその支払いを繰り越すことができるものを累積的優先株式，繰り越すこ

166　第 7 章　会計主体論

優先株式については，その経済的な実質に着目し，所有決済アプローチの観点から負債か資本かの判別が行われている。

しかし，わが国では，優先株式も，株式である以上，会社法上の配当規制に服する。優先配当はもとより，例えば償還優先株式の償還も，分配可能額の枠内で行われる。このため，優先株式であっても，劣後性が高いと考えられる。

転換社債型新株予約権付社債（払込資本となる可能性のある部分を含む複合金融商品）についても，株価の水準などからみて新株予約権が行使されることが確実なものは，資本の部に表示すべきではないかと議論されることもある。しかし，法的に権利行使されて株式に転換されないうちに，資本の部に表示することには，事実と異なる開示を拙速に行ってしまうという問題があろう。権利行使の可能性に関する情報は，注記などで開示すれば足りるとも考えられる。

（4）企業会計基準第22号の改正

企業会計基準第22号「連結財務諸表に関する会計基準」が2013年9月に改正され，従来親会社株主帰属純利益として定義されていた当期純利益が，親会社株主のみならず子会社非支配株主も含めた，すべての株主に帰属する純利益として定義されることとなった。

この新しい当期純利益に対応する資本は，親会社株主に帰属する株主資本と非支配株主持分（ただし，その他の包括利益累計額に相当する部分を除く）の合計である。しかし，この資本の大きさは，連結貸借対照表からは直接的には入手できない。

とができないものを非累積優先株式という。非参加的で，累積的な優先株式は，社債の性格とより近似する。

7.2　負債と資本の区分　**167**

7.3 子会社の範囲

(1) 会計基準改訂の背景

わが国の基準では，子会社の範囲を決定する基準は，**持株基準**（形式基準）から**支配力基準**（実質基準）へ大きく改訂された（1997 年「連結財務諸表制度の見直しに関する意見書」）。

持株基準は，他の会社の発行済株式総数の過半数を取得した場合に，その会社を子会社とする基準である。これに対して，支配力基準は，持株比率が過半数に満たなくとも，他の会社（とくに，その意思決定機関）を「支配」している場合には，当該他の会社を子会社とする基準である。支配力基準を導入した理由は，以下のとおりである。

- 国際的に支配力基準が広く採用されている。
- 持株比率が 50% 以下であっても事実上支配している場合には，当該被支配会社を子会社の範囲に含めないと連結財務諸表の有用性は低下する。過去においては，重要性の判断基準（10%）や持株基準（50% 超）などの数値基準を濫用する事例が散見された。

(2) 子会社の範囲

現行の会計基準では，親会社は，原則としてすべての子会社を連結の範囲に含めなければならないとされる。ここで，**親会社**とは，他の会社を支配している会社をいい，**子会社**とは，当該他の会社をいう。さらに，他の会社を支配しているとは，他の会社の意思決定機関を支配していることをいう（財務諸表等規則第 8 条第 4 項）。

次の場合には，当該意思決定機関を支配していないことが明らかに示されない限り（反証がない限り），当該他の会社は子会社に該当する。

- 他の会社の議決権の過半数を実質的に所有している場合
- 他の会社に対する議決権の所有割合が 100 分の 50 以下であっても，高

168 第 7 章 会計主体論

い比率の議決権を有しており，かつ，次に掲げる要件に示すような，当該会社の意思決定機関を支配している一定の事実が認められる場合

- 自己の計算において所有している議決権と自己と出資，人事，資金，技術，取引等において緊密な関係があることにより自己の意思と同一の内容の議決権を行使すると認められる者（緊密者）及び自己の意思と同一の内容の議決権を行使することに同意している者（同意者）が所有している議決権とを合わせて，他の会社等の議決権の過半数を占めていること。
- 役員若しくは使用人である者，又はこれらであった者で自己が他の会社等の財務及び営業又は事業の方針の決定に関して影響を与えることができる者が，当該他の会社等の取締役会その他これに準ずる機関の構成員の過半数を占めていること。
- 他の会社等の重要な財務及び営業又は事業の方針の決定を支配する契約等が存在すること。
- （緊密者からの融資と合計して）他の会社等の資金調達額の総額の過半について融資を行っていること。
- その他他の会社等の意思決定機関を支配していることが推測される事実が存在すること。

なお，「実質的に所有」とは，名義が役員等会社以外の者となっていても，会社が自己の計算で所有している場合にはこれに該当する。

このように，実質支配力基準とされている現行の基準においても，100分の50や100分の40といった持株比率（数値基準）が一定の指標として用いられている点には，留意する必要がある。

(3) 特別目的会社

特別目的会社（special-purpose company；SPC）については，企業会計基準第22号「連結財務諸表に関する会計基準」および財務諸表等規則において，資産流動化を目的として設立され，その事業がその目的に従って適切に

7.3　子会社の範囲　**169**

遂行されていることを条件に，譲渡会社等の子会社に該当しないものと推定するとの規定が置かれている（「財務諸表等規則」第8条第7項）。

資産流動化とは，企業が保有する資産を活用した資金調達の手法であるが，当該資産を売却して資金を得たのか（売却取引説），または当該資産を担保として新たに資金を借り入れたのか（金融取引説），いずれであるのかの判断が難しい。上記の規定は，一定の要件を満たした特別目的会社を利用した資産流動化については，特別目的会社を子会社とせず，流動化の対象たる資産は連結貸借対照表に記載しないことから，このような資産流動化は売却取引として処理することを意味している。

なお，特別目的事業体（special-purpose entities；SPE）をめぐっては，2000年代におけるエンロン事件，金融危機（リーマンショック）などを受けて，国際的な会計基準において会計規制が強化されている。例えば，米国では，SPEを利用した金融資産の売却や証券化の会計処理の基準（FAS 140）が見直され，連結除外適格SPE（QSPE）の制度が廃止された。さらに，新たに変動持分事業体（Variable Interest Entity；VIE）の概念が導入され，連結対象となる事業体が拡大したといわれている。

わが国では，SPCに関する開示が強化されており，企業会計基準適用指針第15号「一定の特別目的会社に係る開示に関する適用指針」（2007年3月29日，最終改正2011年3月25日）が公表され，子会社に該当しないものと推定された特別目的会社（開示対象特別目的会社）については，その会社の概要，取引の概要，取引金額等について，連結財務諸表に注記しなければならないものとされている。

(4) ベンチャーキャピタル

「財務諸表等規則」では，(2)で述べたように，親会社は「他の会社等の意思決定機関を支配している会社等」（第8条第4項）を指すが，「ただし，財務上又は営業上若しくは事業上の関係からみて他の会社等の意思決定機関を支配していないことが明らかであると認められる会社等は，この限りでな

170　　第7章　会計主体論

い。」(同項)とされる。

このただし書きについては,企業会計基準適用指針第22号「連結財務諸表における子会社及び関連会社の範囲の決定に関する適用指針」(2008年5月13日,最終改正2011年3月25日)に解釈が示されている。その中において,いわゆるベンチャーキャピタルなどの投資企業(投資先の事業そのものによる成果ではなく,売却による成果を期待して投資価値の向上を目的とする業務を専ら行う企業)に関する取扱いが示されている。これによると,ベンチャーキャピタルなどの投資企業が,「投資育成や事業再生を図りキャピタルゲイン獲得を目的とする営業取引として,又は銀行などの金融機関が債権の円滑な回収を目的とする営業取引として,他の企業の株式や出資を有している場合」,一定の要件を満たすようなときは,子会社に該当しないものとされる(第16項(4))。

ベンチャーキャピタルなどの投資企業は,投資価値の向上を期待して投資をすることが目的で,投資先企業を支配することによって営業上のシナジー(相乗効果)を得ることを目的としているわけではない。このため,エンティティの範囲に含めるべき子会社としないこととされている。

7.4 連結主体論

連結財務諸表をどの主体の観点から作成するかという問題は,古くから連結主体論として議論されてきた。代表的な連結主体論には**親会社説**(parent concept)と**経済的単一体説**(economic unit concept)がある。このいずれを採用するかによって,連結財務諸表における資本の範囲や利益の概念が派生的に導出される。

- **親会社説** 親会社株主の観点から連結財務諸表を作成する。連結財務諸表は親会社の個別財務諸表の延長とみる。子会社非支配株主は外部者とみる。

7.4 連結主体論 **171**

連結主体論	親会社説	経済的単一体説
株主資本の範囲	親会社株主持分	すべての株主持分
非支配株主持分	非資本→負債と資本の中間（または負債）	資本
連結利益	親会社株主帰属利益	株主帰属利益
子会社資産・負債の評価	部分時価評価	全面時価評価
のれん	買入のれん	全部のれん
追加取得差額 （投資額－追加取得持分）	のれんまたは負ののれん	資本内振替（親会社株主持分の資本剰余金の増減項目）
持分売却差額 （売却額－売却持分）	持分売却損益	資本内振替（親会社株主持分の資本剰余金の増減項目）
子会社のマイナス資本	親会社株主持分が負担	親会社株主持分と非支配株主持分が負担
未実現利益消去	全額消去持分比率負担方式（損益計算書において）	全額消去持分比率負担方式（株主資本等変動計算書において）

図表 15　親会社説と経済的単一体説

● **経済的単一体説**　　親会社株主および子会社非支配株主の観点から連結財務諸表を作成する。連結財務諸表は親会社とは区別される企業集団全体の財務諸表とみる。子会社非支配株主は，親会社株主と同様，経済的単一体の株主とみる。

　会計主体として親会社と子会社を一体とみなした企業集団を考える（いわゆる全部連結[4]を前提として考える）点で両説に違いはないと考えれば，親会社説と経済的単一体説の違いは，主として所有者たる株主の範囲が異なる点に求められる。所有者たる株主の範囲を親会社株主に限定するのか，それとも子会社非支配株主をも含めたすべての株主とするのかが大きな分岐点であり，その選択が資本の範囲や利益の概念に影響を及ぼすと考えられている（図表 15）。

　伝統的に，わが国の会計基準では，親会社説が採用されてきた。その理由

4　連結には，全部連結以外にも，子会社に対する親会社の持分比率に相当する資産および負債を比例的に連結する比例連結という方法もある。

は，次のとおりである。

● 連結財務諸表が提供する情報は，主として親会社の投資者を対象とする。親会社株主と子会社非支配株主には，関心の範囲に違いがある。親会社株主は親会社傘下の企業集団に関する連結財務諸表を重視するが，子会社非支配株主は子会社の個別財務諸表（または当該子会社が作成する，当該子会社傘下の子会社等を連結企業集団に含める連結財務諸表）を重視する。

● 親会社説による処理方法が企業集団の経営をめぐる現実感覚をより適切に反映する。

● 一株当たり利益（EPS）の計算と整合する。EPS の計算では，分子として親会社普通株主に帰属する利益を用いる。

2008 年における企業会計基準第 22 号「連結財務諸表に関する会計基準」の改正でも，部分時価評価法を廃止するなどしたものの，親会社説が踏襲された。

他方，国際会計基準（IFRS 10「連結財務諸表」）や米国基準では，経済的単一体説が採用されている。とくに，非支配株主持分は，負債の定義を満たさないので，資本（持分）とされている。

2013 年における「連結財務諸表に関する会計基準」の改正では，追加取得や一部売却等に起因する持分変動差額を資本剰余金の増減として処理することとされた。また，当期純利益がすべての株主（親会社株主と子会社非支配株主）に帰属するものとされた。このような意味では，経済的単一体説により近い会計処理が定められている。

しかし，わが国の会計基準では，買入のれんのみを認識し，全部のれん[5]の認識を認めていない。実際に親会社が支払っていない，子会社の非支配株主持分に係るのれんは，自己創設のれんの一種であるとも考えられるため，認識しないものとされる。この点では，親会社説の考え方が維持されている

5　親会社株主に帰属するのれんのみならず，子会社非支配株主に帰属するのれんも認識する会計処理のことをいう。

7.4　連結主体論　　**173**

ようにもみえる。米国基準では全部のれんが計上され，IFRS では買入のれん（全面時価評価法による）と全部のれんの選択制がとられており，のれんの認識についても，経済的単一体説の考え方と整合している。

　なお，2013 年における「連結財務諸表に関する会計基準」の改正では，親会社持分の一部売却に際し，IFRS 等と同様，買入のれんの売却持分に対応する部分を消去しないこととなった。これは，全部のれんの会計処理により近い会計処理である。

7.5　持　分　法

（1）持分法の意義

　「「持分法」とは，投資会社が被投資会社の資本及び損益のうち投資会社に帰属する部分の変動に応じて，その投資の額を連結決算日ごとに修正する方法をいう。」（企業会計基準第 16 号「持分法に関する会計基準」第 4 項）

　持分法は，被投資企業において会計上認識された純資産額を投資の簿価に反映させる会計処理である。持分法を適用した場合の純資産への影響は，被投資企業を連結した場合と同様であり，「一行連結」ともいわれる。純利益に含めて認識された額は，投資企業の純利益に含められ，連結貸借対照表上は利益剰余金に反映される。その他の包括利益に含めて認識された額は，投資企業のその他の包括利益に含められ，連結貸借対照表上はその他の包括利益累計額に反映される。

　すなわち，連結すれば，連結貸借対照表において被投資企業の資産および負債が総額で表示され，また連結損益計算書において収益および費用が総額で表示されるが，持分法では，連結貸借対照表においてその影響は投資簿価に純額で反映され，連結損益計算書においてはその影響は投資損益として純額で反映される。

　わが国の会計基準において，持分法の適用対象は，**非連結子会社**および**関**

174　第 7 章　会計主体論

連会社である（「持分法に関する会計基準」第6項）。

　関連会社は，投資会社によって支配されていないので，子会社として連結の範囲には含まれない。しかし，投資会社によって支配されてはいないものの，財務および営業または事業の方針の決定に対して「重要な影響」を受ける場合において，どのような会計処理を行うかが問題となる。関連会社には，一般に，持分法が適用されている。

　子会社のうち，「支配が一時的であると認められる企業」およびそれ以外の企業であって「連結することにより利害関係者の判断を著しく誤らせるおそれのある企業」は，連結の範囲に含めない（「連結財務諸表に関する会計基準」第14項）。このような非連結子会社については，連結されないものの，持分法が適用される。したがって，資産および負債を全部連結するわけではないが，純利益（および包括利益）と純資産への影響は反映されることになる。

(2) 関連会社の定義

　関連会社の定義は，企業会計基準第16号「持分法に関する会計基準」（2008年3月10日，改正2008年12月26日）および財務諸表等規則において示されている。すなわち，「関連会社」とは，「会社等及び当該会社等の子会社が，出資，人事，資金，技術，取引等の関係を通じて，子会社以外の他の会社等の財務及び営業又は事業の方針の決定に対して重要な影響を与えることができる場合における当該子会社以外の他の会社等をいう。」（財務諸表等規則第8条第5項）。

　ここで，「子会社以外の他の会社等の財務及び営業又は事業の方針の決定に対して重要な影響を与えることができる場合」とは，次のそれぞれの場合をいう。

- 子会社以外の他の会社等の議決権の100分の20以上を自己の計算において所有している場合
- 子会社以外の他の会社等の議決権の100分の15以上，100の20未満を

7.5　持分法　**175**

自己の計算において所有している場合であつて，かつ，次に掲げるいずれかの要件に該当する場合

- 役員若しくは使用人である者，又はこれらであつた者で自己が子会社以外の他の会社等の財務及び営業又は事業の方針の決定に関して影響を与えることができる者が，当該子会社以外の他の会社等の代表取締役，取締役又はこれらに準ずる役職に就任していること。
- 子会社以外の他の会社等に対して重要な融資を行つていること。
- 子会社以外の他の会社等に対して重要な技術を提供していること。
- 子会社以外の他の会社等との間に重要な販売，仕入れその他の営業上又は事業上の取引があること。
- その他子会社以外の他の会社等の財務及び営業又は事業の方針の決定に対して重要な影響を与えることができることが推測される事実が存在すること。

なお，複数の独立した企業により，契約等に基づいて共同で支配される企業（共同支配企業）に対する投資についても，持分法を適用する。

（3）持分法と連結の差異

持分法と連結は，主として，一行連結と全部連結の違いから，上記のような共通点と相違点を有するが，それ以外にも，2008 年および 2013 年の「連結財務諸表に関する会計基準」の改正によって，新たな差異が生じている。

まず，連結の場合，2008 年の改正により，子会社の支配を獲得した段階で，全面時価評価法が適用される。すなわち，子会社の資産および負債は，親会社の持分比率のみならず子会社の非支配株主持分比率に相当する部分をも含めて，支配獲得時における時価で評価される。これに対して，持分法の場合，投資を取得するごとに，新たに取得した持分比率に相当する部分の時価評価差額のみを認識する（すなわち，部分時価評価法に準ずる方法による）。

次に，連結の場合，2013 年の改正により，支配を獲得した段階において，

176　第 7 章　会計主体論

すべての取得の対価は支配獲得時における時価で評価される。このため，支配獲得日以前に取得していた投資については，支配獲得日における時価によって評価替えされ，一時の利益（段階取得に係る差益）が認識される。（2013 年改正以前においては，時価による評価替えは行われず，取得の対価は支配獲得までに行われた投資の総額によるものとされていた。）なお，支配獲得直前において持分法が適用されている投資についても，持分法評価額を時価に評価替えしなければならない。これに対して，持分法の場合，重要な影響力を得るに至るまでにすでに行っていた投資は，時価評価されず，持分法開始時点における投資日ごとの取得原価の総額が基準となる。

さらに，連結の場合，2013 年の改正により，子会社の支配獲得後における子会社株式の追加取得および一部売却等によって生じる持分変動差額（改正前においてのれんまたは売却損益として処理された額）は，資本剰余金の増減として処理される。これに対して，持分法の場合，（関連会社株式の追加取得または一部売却等によって生じる）持分比率の変動によって生じた差額は，引き続き，のれんまたは売却損益として処理される[6]。

最後に，連結の場合，2013 年の改正により，取得関連費用は，発生した事業年度の費用として処理される。これに対して，持分法の場合，取得関連費用は，投資の帳簿価額に加算される。したがって，持分法が適用される投資の取得関連費用は，多くの場合（投資>純資産×持分比率のとき），投資の持分法評価額のうちののれん相当額に含まれることになり，将来の期間にわたってのれん償却額（持分法による投資損益に含まれる）として配分されることになる。

6　なお，関連会社の持分変動差額についても，とくにしばしば巨額となることもあることから，これを損益として処理しないことも検討の余地があろう。

7.5　持 分 法　　**177**

7.6 企 業 結 合

(1) 取得と持分の結合

「企業結合」とは，「ある企業又はある企業を構成する事業と他の企業又は他の企業を構成する事業とが1つの報告単位に統合されることをいう。」（企業会計基準第21号「企業結合に関する会計基準」第5項）。

企業結合の会計処理を行うにあたっては，エンティティを再定義しなければならない。このときに注目されるのは，企業結合の前後において結合当事企業に対する持分が継続するかしないか（持分の継続・非継続）である。

後述するように，現行の会計基準では，原則として，すべての企業結合が「取得」に該当するものとみなされている。すなわち，企業結合は一方の企業（取得企業）が他方の企業（被取得企業）を取得する取引としてとらえられるから，その会計処理は，通常の資産（および負債）の取得の会計処理から類推的に導出されている。

なお，2008年の改正以前の「企業結合に係る会計基準」では，企業結合には，「取得」と「持分の結合」の2つの実質が存在しているものと考えられていた。

- 「取得とは，ある企業が他の企業（被取得企業）又は企業を構成する事業に対する支配を獲得して一つの報告単位となることをいう。」取得には，**パーチェス法**が適用され，被取得企業の資産および負債は時価に評価替えされる一方，取得企業の資産・負債は簿価で引き継がれる。取得した純資産を取得の対価が超過する額は，のれんとして認識される。

- 「持分の結合とは，いずれの企業（又は事業）の株主（又は持分保有者）も他の企業（又は事業）を支配したとは認められず，結合後企業のリスクや便益を引続き相互に共有することを達成するため，それぞれの事業のすべて又は事実上のすべてを統合して一つの報告単位となることをいう。」持分の結合には，**持分プーリング法**が適用され，結合当事企

178 第7章 会計主体論

業の資産および負債はいずれも簿価で引き継がれ，のれんも計上されない。

このような企業結合の分類において鍵となるのは，企業結合の前後における「持分の継続・非継続」の区別であった。結合当事企業の持分が継続していると判断されれば，当該結合当事企業への投資は簿価のまま維持される。他方，持分が継続していないと判断されれば，当該結合当事企業（被取得企業）への投資はいったん清算され，再投資されたものとされる。すなわち，投資のポジションである資産および負債は，時価で再取得されたものとされる。このような時価で評価された投資のポジションは，新たな損益計算の基礎を提供するものである。

米国基準でも，かつて（APB 16）は，企業結合の会計処理に際しては，パーチェス法と持分プーリング法が使い分けられていた。しかし，2000 年代に入ると，米国基準（FAS 141）において，持分プーリング法が廃止され，パーチェス法に一本化された。国際会計基準（IFRS 3「企業結合」）においても，同様の取扱いが定められ，持分プーリング法の廃止とパーチェス法（買収法；acquisition method）への一本化が国際的な潮流となった。

持分プーリング法廃止論の根拠には，以下のようなものがあった。

- 企業結合においては，いずれかの当事企業を取得企業と識別できる。
- 持分プーリング法の濫用により，含み益の温存，のれんの非計上などの問題が拡大した。パーチェス法と持分プーリング法の使い分けのルールを精緻化する努力も払われてきたが，限界がある。むしろ，持分プーリング法自体を廃止した方が制度的には簡単であると判断された。
- パーチェス法を採用しても，のれんの償却を禁止すれば（減損処理は残る），長期間にわたる償却負担の懸念は回避できる。

<u>相互パーチェス法と公正価値プーリング法</u>　　パーチェス法と持分プーリング法の他にも，結合当事企業の資産および負債を公正価値で評価するフレッシュ・スタート法に属する企業結合の会計処理方法が検討

されてきた。

相互パーチェス法は，結合当事企業にお互いを取得しあうと考える会計処理である。それぞれの結合当事企業の資産および負債は公正価値で評価され，取得の対価も公正価値で評価され，のれんも計上される。公正価値プーリング法は，簿価ではなく，時価で持分プーリング法の処理を行う。すべての結合当事企業の識別可能資産および負債を公正価値で評価し，その単純合計額を結合企業の資産および負債とする方法である。のれんは，計上されない。

相互パーチェス法は，相互に取得しあうという考え方が荒唐無稽とも考えられるという問題がある。公正価値プーリング法は，持分が継続している状況において，結合当事企業の資産および負債を時価に洗い替えることを正当化することが難しいという問題がある。いずれも，現行の会計基準においては，採用されていない。

(2) 取得企業の決定

パーチェス法では，結合当事企業のうちいずれの企業が取得企業として識別されるかが重要な問題となる。取得企業については持分の継続が認められ，その資産および負債は帳簿価額のまま維持されるが，被取得企業については持分の継続は認められず，資産および負債は時価で原始認識される。

取得とされた企業結合においては，いずれかの結合当事企業を取得企業として決定する。まず，被取得企業の支配を獲得することとなる取得企業を決定するために，企業会計基準第22号「連結財務諸表に関する会計基準」の考え方を用いる。支配を獲得した側の企業が取得企業となる。

また，「連結財務諸表に関する会計基準」の考え方によってどの結合当事企業が取得企業となるかが明確ではない場合には，次の要素を考慮して取得企業を決定する。

● 主な対価の種類として，現金若しくは他の資産を引き渡す又は負債を引き受けることとなる企業結合の場合には，通常，当該現金若しくは他の

180　第7章　会計主体論

資産を引き渡す又は負債を引き受ける企業（結合企業）が取得企業となる。

● 主な対価の種類が株式である企業結合の場合には，通常，当該株式を交付する企業（結合企業）が取得企業となる。ただし，必ずしも株式を交付した企業が取得企業にならないとき（逆取得）もあるため，対価の種類が株式である場合の取得企業の決定にあたっては，次のような要素を総合的に勘案しなければならない。

（1）総体としての株主が占める相対的な議決権比率の大きさ

（2）最も大きな議決権比率を有する株主の存在

（3）取締役等を選解任できる株主の存在

（4）取締役会等の構成

（5）株式の交換条件

● 結合当事企業のうち，いずれかの企業の相対的な規模（例えば，総資産額，売上高あるいは純利益）が著しく大きい場合には，通常，当該相対的な規模が著しく大きい結合当事企業が取得企業となる。

● 結合当事企業が3社以上である場合の取得企業の決定にあたっては，前項に加えて，いずれの企業がその企業結合を最初に提案したかについても考慮する。

　企業結合にあたり法的に消滅する会社が取得企業となるケースもある（逆取得の場合）。この場合には，連結財務諸表において，消滅会社たる取得企業の資産および負債は帳簿価額のまま引き継がれ，存続会社である被取得企業の資産および負債が時価評価される。（なお，個別財務諸表においては，存続会社である被取得企業の資産および負債は，簿価のままとされる。会社法上，存続会社の資産および負債を評価替えすることは認められないからとされる。）

（3）取得の会計処理

　取得の対価（取得原価）は，企業結合日において引き渡した対価の時価で

7.6　企業結合　**181**

算定する。

　段階取得によって支配を獲得した場合においても，すべての対価を企業結合日における時価で算定する。このため，企業結合日以前に引き渡した対価については，企業結合日の時価で測定し直されることから，損益（段階取得に係る損益）が生じる。

　企業結合に際して外部のアドバイザー等に支払った報酬・手数料等は，取得関連費用として，当期の費用として処理される。（取得関連費用については，2013年の「企業結合に関する会計基準」の改正以前は，取得の対価（取得原価）を構成するものとされていた。なお，改正後においても，個別財務諸表上は，子会社株式の取得に際して生じた取得関連費用は，子会社株式の簿価に加算する。）

　被取得企業の識別可能な資産および負債は，企業結合日における時価で評価する（取得原価の配分）。

- 法律上の権利など，分離して譲渡可能な無形資産は，識別可能な資産として扱い，時価評価（取得原価の配分）の対象となる。
- 将来の特定の事象に対応した費用または損失で，その発生の可能性が取得の対価の算定に反映されている場合には，負債（「企業結合に係る特定勘定」）として認識する。負債の定義を満たすか否かについては議論があるが，負債を認識する理由について，「その費用又は損失を負債として認識した方がその後の投資原価の回収計算を適切に行い得ると考えられる」（「企業結合に関する会計基準」第99項）（すなわち，当該費用または損失を将来の期間において認識しないことが適切である）と指摘されている。当該負債については，認識の対象となった事象が発生した事業年度または当該事象が発生しないことが明らかになった事業年度に取り崩す。

　取得原価が，受け入れた資産及び引き受けた負債に配分された純額を上回る場合には，その超過額はのれんとして処理し，下回る場合には，その不足額は負ののれんとして処理する。

182　　第7章　会計主体論

のれんは，資産に計上し，20年以内のその効果の及ぶ期間にわたって，定額法その他の合理的な方法により規則的に償却する。

負ののれんが生じると見込まれる場合には，まず，すべての識別可能資産および負債が識別され，取得原価が適切に配分されているかを見直す。見直しを行ってもなお残る不足額については，負ののれん発生益として当期の利益として処理する。負ののれんは，負債の定義を満たさず，むしろ低廉取得益と考えられる。

(4) 共通支配下の取引

共通支配下の取引については，連結財務諸表上，内部取引として相殺消去される。共通支配下の取引は，同一の支配のもと定義されるエンティティにおける内部取引である。

非支配株主との取引（非支配株主から親会社が子会社株式を取得し，対価として親会社の株式を引き渡す取引など）については，2013年改正前においては，持分の追加取得として処理され，のれんを計上する会計処理が行われていた。（この会計処理については，改正前においても，持分の継続ととらえて，増加する払込資本を従前の非支配株主持分の簿価で測定することが検討されていた。）

2013年改正後においても，非支配株主との取引については持分の追加取得として処理される点では同じであるが，追加取得差額は（現金による追加取得の場合と同様）資本剰余金の増減として処理されることになる。

7.7 事業分離

(1) 投資の継続と清算

企業会計基準第7号「事業分離等に関する会計基準」によると，「事業」とは，企業活動を行うために組織化され，有機的一体として機能する経営資

源をいい，「事業分離」とは，ある企業（会社及び会社に準ずる事業体をいう）を構成する事業を他の企業（新設される企業を含む）に移転することをいう（第3項および第4項）。

会計処理の焦点は，分離した事業の簿価に対して，受け取った対価をどう測定するかにある。受け取った対価を簿価と独立に測定する場合には，移転損益が生じる。簿価をもって対価を認識する場合には，移転損益が生じない。

「事業分離等に関する会計基準」において，事業分離の会計処理に関する基本的な考え方は，企業結合の会計処理における「持分の継続・非継続」に通じた「投資の継続・清算」である。持分の継続・非継続という考え方は，一般に事業の成果をとらえる際の投資の継続・清算と整合した概念であり，実現概念にも通ずる考え方であるとされている。

(2) 分離元企業の会計処理

事業分離の対価として現金等を受け取った場合には，分離した事業に対する継続的関与をもたないので，投資の清算と判断される。当該対価は，時価で認識され，移転損益が発生する。ただし，子会社または関連会社に事業分離する場合，分離元企業の個別財務諸表上，受け取った現金等は移転前に付された適正な帳簿価額により計上され，当該価額と移転した事業に係る株主資本相当額との差額は移転損益とされる。なお，当該移転損益は，連結財務諸表上，未実現利益として消去される。

これに対して，事業分離の対価として分離先企業の株式を受け取った場合，当該分離先企業が新たに分離元企業の子会社や関連会社になることがある。この場合には，分離した事業に対する投資は継続し，受け取った対価は移転した事業の純資産の簿価（株主資本相当額）で認識するため，移転損益は生じない。

分離先企業が子会社となる（子会社である）場合も，以下のように細分化することができる。

● 事業分離により，分離先企業が新たに子会社となる場合

- 分離した事業に係る持分の減少から持分変動による差額（＝移転したとみなされる額[7]－持分の減少額。資本剰余金の増減として処理する）が生じる。
  - 新たに取得した分離先企業にパーチェス法を適用し，のれん（または負ののれん）が生じる。
- 事業分離により，もともと関連会社としていた分離先企業が子会社となる場合
  - 同様に，分離した事業に係る持分の減少から持分変動による差額（資本剰余金の増減）が生じる。
  - 新たに取得した分離先企業にパーチェス法を適用する。このとき，分離先企業に対する投資は，事業分離日における時価によって測定され，持分法が適用されてきた投資額は時価に評価替えされる（段階取得に係る差益が生じる）。
- 事業分離により，もともと子会社としていた分離先企業から株式を受け取った場合
  - 子会社から株式を受け取ると，持分比率が上昇するので，子会社株式の追加取得に該当する。
  - 子会社の追加取得持分と移転した事業の持分の減少額との差額は，資本剰余金とされる。

分離先企業が関連会社となる（関連会社である）場合も，次のように細分化することができる。

- 事業分離により，分離先企業が新たに関連会社となる場合
  - 分離した事業に係る持分の減少から持分変動差額（特別損益）が生じる。

7　「移転したとみなされる額」とは，移転した事業のうち減少した持分の時価である。この額は，実際に対価として交換されるものではないが，企業価値×減少持分比率で求められる。（実際に対価を伴って交換されるものは，移転した事業の全体の価値である。）実質的に，交換されるとみなされるものは，移転した事業に係る「移転したとみなされる額」と取得した企業（事業）に係る「投資したとみなされる額」である。

7.7　事　業　分　離　　**185**

- 分離先企業の株式（関連会社株式）に持分法を適用し，関連会社に対する持分の増加額と投資したとみなされる額（＝分離した事業の移転したとみなされる額）との差額はのれん（または負ののれん）として処理する。

● 事業分離により，もともと関連会社であった分離先企業から株式を受け取る場合
- 分離した事業に係る持分の減少から持分変動差額（特別損益）が生じる。
- 分離先企業の追加取得による増加持分（追加取得持分）と追加投資したとみなされる額との差額は，のれんとして処理する。

個別財務諸表上の処理　　事業分離により子会社または関連会社から株式を受け取るケースにおいては，個別財務諸表上，分離元企業において移転損益を認識せず，受け取った分離元企業の株式の取得原価は，移転した事業の株主資本の額に基づいて算定することになる。

関連会社への事業分離　　親会社の事業を子会社に事業分離する場合，親会社は，当該事業に対する支配を継続することから，当該事業分離は共通支配下の取引として会計処理される。

　しかし，親会社の事業を関連会社に事業分離する場合，当然には，子会社を分離先企業として分離する場合と同じように考えることはできない。親会社は，関連会社を支配してはいないからである。

　「事業分離等に関する会計基準」では，関連会社への事業分離も，子会社への事業分離と同様，移転された事業への投資が継続しているとの見方が採用されている。この結果，子会社に対する支配の概念を重視する取得の会計処理と，子会社または関連会社への事業分離による投資の継続を認める売却の会計処理とが，非対称的な会計処理となっている。

事業分離の対価として分離先企業の株式を受け取った場合でも，当該株式

が分離元企業にとってその他有価証券に該当するような場合には，現金を受け取った場合と同様，その他有価証券を時価で評価し，移転損益を認識することになる。

事業分離の対価として現金等の財産と株式を受け取った場合　分離元企業は，個別財務諸表上，分離した事業に係る株主資本相当額を上回る現金等の財産（分離先企業が子会社である場合は適正な簿価，関連会社その他の場合は時価による）を受け取った場合，移転利益が認識される。「株主資本相当額－現金等の財産」をもって，株式の評価額とする（ゼロの場合もありうる）。

　連結財務諸表上は，子会社または関連会社に事業分離した場合，移転した事業に係る持分の減少と分離元企業に対する持分の増加を，株式を受け取った場合と同様に，会計処理する。個別財務諸表において認識した移転利益は，未実現損益として消去する。

7.8　結合当事企業の株主に係る会計処理

（1）被結合企業の株主に係る会計処理

　被結合企業の株主に係る会計処理についても，投資の継続・清算の考え方が適用される。被結合企業に対する投資が清算されたとみる場合には，交換損益を認識する。被結合企業に対する投資が継続しているとみる場合，交換損益を認識せず，被結合企業の株式に係る適正な帳簿価額を引き継ぐ。

　被結合企業の株主は，企業結合により，被結合企業の株式が現金等の財産と引き換えられる場合，個別財務諸表上，交換損益を認識する。子会社または関連会社を結合企業とする場合，共通支配下の取引として，被結合企業の株主は，連結財務諸表上，当該交換損益を消去する。

　被結合企業の株主は，企業結合により，被結合企業の株式が結合企業の株

7.8　結合当事企業の株主に係る会計処理　**187**

式と引き換えられる場合，通常，被結合企業の株主の持分比率が減少する。この場合，被結合企業の株主は，事業分離における分離元企業の会計処理に準じて会計処理を行う。

- 子会社を被結合企業とする場合，被結合企業の株主は，持分比率の減少に伴う持分変動差額を資本剰余金の増減として処理する。

- 関連会社を被結合企業とする場合で，かつ，企業結合後も引き続き関連会社である場合，被結合企業の株主は，従来の被結合企業に係る持分の減少については持分変動差額として認識し，企業結合直前の結合企業に係る持分の増加については（持分法上の）追加取得として処理する（追加取得差額をのれんまたは負ののれんとして処理する）。

子会社や関連会社以外の投資先を被結合企業とした企業結合の場合

子会社や関連会社以外の投資先を被結合企業とした企業結合により，当該投資先の株式と引き換えに結合企業の株式を受け取り，かつ，結合後企業が引き続き子会社や関連会社に該当しない場合（その他有価証券からその他有価証券），被結合企業の株主の個別財務諸表上，交換損益は認識されない（「事業分離等に関する会計基準」第 43 項）。その理由については，「本会計基準では，これらを総合的に考え，企業結合によって被結合企業の株式が，当該被結合企業を含む結合後企業の株式と引き換えられたことによっても，結合後企業の株式がその他有価証券という同じ分類となる場合には，その投資の性格に変化がないとみて，投資の継続に該当するものとしている。」（第 135 項）と説明されている。

(2) 結合企業の株主に係る会計処理

結合企業の株主にとっては，企業結合により，通常，持分比率が減少する。

- 子会社を結合企業とする場合，結合企業の株主は，持分比率の減少に伴う持分変動差額を資本剰余金として処理する。

- 関連会社を結合企業とする場合，結合企業の株主は，持分比率の減少に

188　第 7 章　会計主体論

伴う持分変動差額を損益として処理する。

● 子会社や関連会社以外の投資先を結合企業とする場合（その他有価証券
からその他有価証券），結合企業の株主は，何も会計処理しない。

章 末 問 題

正 誤 問 題

わが国の会計制度または会計基準に基づいて，次の文章の正誤を答えなさい。

● 繰延ヘッジ利益は，貸借対照表における株主資本に含まれる，評価・換算
差額等の区分に表示される。

● 企業結合における取得原価は，企業結合について結合当事企業が合意した
日の時価によって算定することができる。

● 会社の吸収合併において消滅会社が取得企業となる場合，存続会社は，個
別財務諸表において，消滅会社の資産および負債をその適正な帳簿価額で
引き継がなければならない。

● 条件付取得対価が企業結合契約締結後の将来の業績に依存する場合には，
条件付取得対価の交付または引渡しが確実となり，その時価が合理的に決
定可能となった時点で，支払対価を取得原価として追加的に認識するとと
もに，のれんまたは負ののれんを追加的に認識するものとされる。

研 究 問 題

● 貸借対照表の貸方区分について，純資産の表示区分を廃し，負債と資本の
2区分に戻すべきであるという意見がある。この意見について論評しなさ
い。

● 評価・換算差額等は，株主資本に含めて表示すべきであるとする意見につ
いて，あなたの考えを述べなさい。

● 連結財務諸表に関するわが国の会計基準において，経済的単一体説と整合
しない会計処理について説明しなさい。

● 関連会社株式については，連結財務諸表において，持分法を適用するので
はなく，時価法を適用すべきであるという意見がある。この意見について
論評しなさい。

―― **ケーススタディ** ――

- A 社は，外部の M&A コンサルタントに対する報酬を，B 社を取得した際の
  取得原価に算入した。その額は，通常の水準よりも高額であった。この会
  計処理の問題点について，説明しなさい。
- C 社は，D 社を株式交換の手法によって取得した。D 社における識別可能
  資産および負債の時価評価を行ったが，時価評価の結果算定される純資産
  の額を取得の対価として交付した C 社株式の時価が下回っていた。D 社に
  おける一部の事業においては，将来の数期間にわたり営業損失が生じるこ
  とが明らかであり，その事実が取得の対価に反映されている。C 社が行う
  べき会計処理について説明しなさい。
- E 社は，かねてより F 社株式を保有しており，同社を持分法適用関連会社
  としていた。このたび，E 社の一部の事業を F 社に会社分割の手法によっ
  て分離し，F 社株式を取得した。E 社および F 社が行うべき会計処理につい
  て説明しなさい。

第8章

ビジネスモデル

本章の論点

論点 8.1：ビジネスモデルの相違を超えて会計は 1 つであるかについて，議論がある。

論点 8.2：ビジネスモデルの相違を財務諸表（とくに損益計算書）においてどのように表示すべきであるか議論がある。とくに，廃止事業については，区分表示の必要性が認められる。

論点 8.3：伝統的に，主たる事業活動から生じた収益および費用と従たる活動（とくに財務活動）から生じた収益費用とを区別する考え方が採用されてきた。しかし，その取扱いは，決して一貫したものではないと指摘される。

論点 8.4：最近の IFRS などにおいては，ビジネスモデルの相違に基づいて異なる会計処理を行う考え方が重視されつつある。

8.1　ビジネスモデルと財務諸表

（1）会計は 1 つか

　会計は，経済主体の経済活動を表現の対象とするが，経済主体の種類に応じて財務諸表は，異なるべきか同じであるべきかという問題について議論が

行われてきた。経済主体が異なっていても，会計の対象となる経済活動が同じであれば同じように会計処理されるべきであるとする考え方，いわば「会計は1つ」という考え方がある。

- とくに，資産負債アプローチを採用する場合，ある経済的資源について，ある経済主体にとっては資産の定義を満たすが，別の経済主体にとっては資産の定義を満たさない，といった結論を導き出すことは困難である。デリバティブは，すべての経済主体にとって資産または負債であり，年金債務も，すべての経済主体にとって負債である。

- 経済主体には，企業の他にも，政府等の公的主体や非営利組織体などもある。「セクター中立」の考え方に従えば，公的主体や非営利組織体の会計も，企業会計と同様のものとされ，発生主義会計の採用や財務諸表の共通化（とくに損益計算書の導入）が主張される。例えば，国際公会計基準（International Public Sector Accounting Standards；IPSAS）は，国際財務報告基準（IFRS）をベースに構成されており，多くの会計領域において会計処理の共通化が図られている。

- 企業会計でも，大企業または公開企業向けの会計と中小企業または非公開企業向けの会計が同じであるべきか否かについて，かねてから議論が行われてきた。会計は1つであるべきという考え方からすると，中小企業または非公開企業向けの会計も，重要性の観点から簡易な処理が認められるとしても，基本的な枠組みは同じであるべきと主張される。

- 国籍の異なる企業の会計が同じであるべきか否かについても，会計基準の国際的調和化や国際的統合の問題として議論されてきた。会計は1つであるべきであるとする考え方からは，どの国の企業が行った経済活動でも，その内容が同じであれば，同じように会計処理が行われるべきであるとする。究極的には，どの国の企業も，同一の会計基準に従い，同一の内容をもった財務諸表を作成すべきであるということになる。

このような会計は1つであるべきという考え方に対して，会計は経済主体の種類に応じて異なってよい（あるいは，異なるべきである）とする意見も

192　第8章　ビジネスモデル

ある。それぞれの種類の経済主体は、それぞれ異なる経済環境に直面しており、その結果、ある会計処理を採用することに係るコストとベネフィットが異なっている。コストとベネフィットは、会計を設計する際の基本的前提であり、その前提が異なる以上、会計の内容も異ならざるをえない。

● フローとストックを用いて経済活動を描写する会計は、そもそも1つの経済主体に対して複数の表現方法を有しており、経済環境（コスト・ベネフィット）が異なる以上、それらについて優劣をつけることは容易ではない。

● 公会計の領域では、発生主義会計の導入さえなかなか進まない状況にあったが、（修正）現金主義による予算・決算に加えて、発生主義に基づく財務書類の作成・活用が進められるようになってきた[1]。わが国における非営利会計の領域では、非営利組織体の法人形態ごとに異なる会計基準が定められてきた。近年、共通化の機運が高まっているものの、法人形態ごとに会計規制が異なっていることから、多くの差異を残しているのが現実である。実際、公会計も非営利会計も、企業会計とは様々な面で異なっている。

● 中小企業向けの会計基準も、公開企業向けの会計基準から分離される傾向がある。多くの国において中小企業向けの会計基準の新設・整備が進められている。公開企業向けの会計基準をIFRSで統一するEU諸国においても、中小企業向けの会計基準を国内で設定している場合が多い。わが国においても、2005年に、日本税理士会連合会、日本公認会計士協会、日本商工会議所及び企業会計基準委員会の関係4団体が主体となって設置された「中小企業の会計に関する指針作成検討委員会」から、「中小企業の会計に関する指針」が公表されている。

● 国際的な会計基準の統一については、基準間の競争を促進する観点から批判的な意見がある。この意見に従えば、世界で1つの会計基準に統合

---

[1] 国においては2003年度より、地方公共団体においては2015年度から2017年度にかけて財務書類等の作成が行われるようになっている。

8.1　ビジネスモデルと財務諸表　**193**

された場合，会計基準にイノベーションを生じさせる原動力が失われるとされる。複数の基準設定主体が（少なくとも部分的に）異なる会計基準を設定することによってこそ，基準間の競争が促進され，会計基準が進化・発展していくと主張される。

(2) ビジネスモデルの相違と会計

A. 比較可能性と目的適合性

　企業のビジネスモデルは多様であるが，異なるビジネスモデル間の比較可能性を高めるためには，外形が同じ資産に対しては同一の会計処理を適用すべきであると主張される。

　例えば，金融商品に対する公正価値会計の統一的な適用は，企業のビジネスモデル（あるいは，企業の金融商品を保有する意図）の違いを超えて行われるべきであると主張される。また，国際的な財務諸表の比較可能性を高めるためには，各国で異なる経済環境の違いを超えて，単一の国際的に統合された会計基準によって財務諸表が作成されなければならないと主張される。

　その一方で，企業のビジネスモデルの違いを財務諸表に反映させることが財務諸表の目的適合性を高めると主張されることもある。この主張によれば，形式的な比較可能性の追求によって異なるビジネスモデルを的確に財務諸表に反映させることができなくなってしまうと考えられる[2]。

B. マネジメント・アプローチ

　セグメント情報の会計基準は，従来，原則として，すべての企業に対して，事業の種類別（産業別）セグメントと所在地別（地域別）セグメントの2つのセグメンテーションを強制的に行うことによって，2種類のセグメント情報の開示を要求していた（これらに加えて，海外売上高の開示も求められていた）。このような開示によって，業種を超えた横断的な比較可能性が達成されると考えられていた。

2　とくに，金融機関を前提とした金融商品会計を金融機関以外の一般事業会社へも広く適用することについては，議論のあるところである。

しかしながら，企業によっては，会計基準によって強制されるセグメンテーションが実際に経営者が行うセグメンテーションと異なる場合があり，経営者が経営判断に利用していないようなセグメント情報を財務諸表において開示することが果たして利用者にとって有用な情報を提供していることになるのか，疑問視されるようになった。

現在では，セグメント情報の会計基準は，**マネジメント・アプローチ**に基づいて設定されている。マネジメント・アプローチでは，経営者が意思決定に利用しているセグメンテーションに基づいて作成されたセグメント情報が外部の利用者にも提供されるようになっている。

このため，マネジメント・アプローチによって提供されたセグメント情報は，企業によっては産業別に分類されることもあれば，地域別あるいは工程別などに分類されることもある。また，セグメント情報の作成に際しては，連結財務諸表全体の作成のために利用される会計方針と異なる会計方針が採用される場合もある。このため，セグメント情報は企業間比較が困難な情報となっているが，形式的な企業間比較を達成するような情報を提供することよりも，個々の企業の状況を表すうえで最も目的適合的な情報を提供することに主眼が置かれている。

C. 業種別会計基準

一般に，企業会計では，業種（ビジネスモデル）の違いを超えて，一組の共通の企業会計基準が設定されている。このため，例えば金融商品の会計基準は，金融機関はもちろん，一般の事業会社にも適用されている。

このような共通の企業会計基準を設定するのではなく，業種別に異なる会計基準を設定すべきであるという考え方もある。例えば，わが国においては，いわゆる別記事業とよばれる業種については，事業ごとに異なる財務諸表の様式が採用されている。また，特別法において，企業会計原則を補完するような規定が定められる場合もあれば，企業会計原則と異なる会計処理を要求する規定が定められる場合もある（特別法上の準備金など）。

非営利法人会計の領域では，非営利法人の法的形態ごとに（所管省庁ご

8.1 ビジネスモデルと財務諸表　**195**

に）会計基準が定められている現状にある。統一的な非営利会計基準を設定する機運が高まっているが，非営利法人間の比較可能性を高めることがその目的の一つとされている。

D. IFRS 9 における金融商品の分類と測定

金融商品会計に関する IFRS 9 では，金融資産および負債を公正価値で測定されるものと償却原価で測定されるものに大きく2分類している。この分類にあたっては，金融商品の契約内容がキャッシュフローの受払いにあることに加えて，企業が金融資産および金融負債をどのように管理しているのかというビジネスモデルを考慮しなければならない。

従来，企業のビジネスモデルに基づく会計処理は，経営者の恣意性が介入するため，適切ではないという考え方が主流であった。近年では，企業の内部統制が整備されたことにより，経営者の恣意によって簡単に資産および負債の管理手法が変更できるような状況ではなくなっている。むしろ，企業のビジネスモデルの相違を会計上も表現しようという考え方が強まってきたとも考えられる。

8.2 ビジネスモデルの会計的表現

---

(1) 損益計算書の様式

損益計算書は，ビジネスモデルの構造を表現するためには最も適した財務諸表である。

小売業や卸売業においては，売上高から売上原価を差し引いて，売上総利益を表示し，さらに販売費及び一般管理費を差し引いて営業利益を表示する形式が採用されている。製造業においては，「当期製品製造原価」など，小売業や卸売業とは異なる科目が採用されている。さらに，建設業においても，「工事収益」や「工事原価」など，異なる科目が採用されている。

このような表示形式が適切でないサービス業（とくに売上原価を計算する

196 第8章 ビジネスモデル

ことが困難な業種）においては，営業収益から営業費用を差し引いて，営業利益を表示する形式が採用されている。また，役務収益を通常の売上高と区分して表示することもある。

とくに，連結損益計算書においては，複数の事業について営業収益と営業費用を表示する必要があるため，営業収益から営業費用を控除する形式で表示されることが多い。

海外の企業においては，複数の事業を区分した多欄式の損益計算書を作成する企業も多い。例えば，自動車製造業を営む企業でリース等の金融部門を有する場合，製造部門と金融部門とに区分した損益計算書を作成することもある。

(2) 廃止事業

わが国においては，廃止事業（非継続事業）に係る損益を継続事業に係る損益と区別して表示する様式が採用されていない。このため，廃止事業から生じる売上高も，継続事業から生じる売上高に含めて表示されている可能性がある。持続可能性の異なる売上高その他の損益が区別されていないことは，利用者の将来予測の形成にとって障害となりうる。

IFRS や米国基準では，廃止事業に係る損益は，継続事業に係る損益と区別して表示されている。例えば，廃止事業から生じる売上高は，継続事業から生じる売上高には含まれず，廃止事業に係る損益に含められている。これに伴い，一株当たり利益も，廃止事業に係る一株当たり利益と継続事業に係る一株当たり利益に区分して開示されている。

8.3 事業活動と財務活動

(1) 財務諸表表示プロジェクト

IASB の財務諸表表示プロジェクトでは，企業の活動を事業活動（business

activities）と財務活動（financing activities）に二分し，さらに事業活動を営業活動（operating activities）と投資活動（investing activities）に細区分する提案がなされていた。

この区分に従い，財政状態計算書，包括利益計算書およびキャッシュ・フロー計算書を，一体的に（cohesively）区分することが想定されていた。

企業評価の実務では，企業の活動を営業活動（投資活動を含む広義）と財務活動に区分する考え方が一般的である。営業活動の価値は，営業活動から得られる正味営業資産と営業利益から推定し，財務活動の価値は，財務活動の結果得られた正味財務資産（または正味財務負債）の簿価（公正価値と近似していると仮定される）による。営業活動の価値と財務活動の価値を合計することによって，企業価値（株主資本価値）が得られる。

このような企業評価の実務にとって有用な情報であるためには，会計情報は，営業活動と財務活動に区分して提供されることが望ましいと考えられる。

他方において，営業活動と財務活動の区分は，それぞれの企業に固有の事情があることから，十分な信頼性をもって比較可能な形で区分を行うことが困難であると指摘されている。また，企業活動の全体に課される税金をどのように活動別に配分するかといった，各論の問題も残されている。

(2) 適用例―リース取引（借手）

リース取引について，売買取引に準じてリース資産とリース債務を貸借対照表に計上する会計処理（資本化，オンバランス）を行った場合，リース資産からは減価償却費が生じ，リース債務からは支払利息が生じる。同じリース取引について，賃貸借取引に準じる場合には，支払リース料がそのまま損益計算書において費用処理されるのみである。

リース期間全体でみると，「減価償却費の合計＋支払利息の合計＝支払リース料の合計」となる。支払リース料は営業費用とされるので，資本化の会計処理（売買取引に準じる会計処理）は，営業費用の一部を財務費用（支払利息）とする会計処理でもある。したがって，資本化の会計処理を行った

場合，営業利益の年度合計が，費用処理を行った場合に比べて，（支払利息とされる分だけ）大きくなる。

また，支払利息は，通常，利息法によって期間配分が行われることから，資本化の会計処理を行う方が，リース期間の初期に多くの支払利息が計上されることになる。

（3）適用例—財務費用の表示

一般に，支払利息等の財務費用は，わが国の損益計算書において営業外費用として表示される。

売掛金の期限前決済に伴う現金割引（売上割引）は，売掛金の決済時期を早めたという意味で，短期的な資金調達の効果が認められることから，財務費用とされ，損益計算書において営業外費用として表示される。

また，リース取引について資本化の会計処理を行った場合も，リース債務に係る支払利息が営業外費用として表示される。

しかし，利息費用（interest cost）の中には，営業外費用として表示されないものもある。

- 建設に要する借入利息費用を固定資産の取得原価に算入した場合には，減価償却費として耐用年数に配分されることから，利息費用は，通常，営業費用の一部となる。
- 退職給付債務について生じる利息費用は，勤務費用とともに退職給付費用に含まれるため，通常，営業費用として表示される。（なお，期待運用収益も，営業外収益とはされず，退職給付費用（営業費用）から控除される。）
- 資産除去債務について生じる利息費用は，関連する固定資産の減価償却費の表示区分と同じ表示区分において表示される。このため，減価償却費を営業費用として表示する場合には，資産除去債務について生じる利息費用も営業費用として表示することになる。

8.3　事業活動と財務活動　**199**

（4）適用例─金融資産の譲渡

　金融資産の譲渡の会計処理には，売買取引説と金融取引説とがある。

　売買取引説は，金融資産の認識終了（消滅の認識）を行うとする考え方である。認識終了に伴って，当該金融資産の売却損益が計上される。これに対して，金融取引説は，金融資産（担保資産とみる）の認識は継続し，新たに入手した対価は新たな負債（借入金）を負担することによって得たものとみる考え方である。このため，金融資産の売却損益は認識されない。

　例えば，一定期間後に買い戻す約束で有価証券を売却する場合，売買取引説では，一連の売却と買戻しの取引を2つの取引として分けて考えることになる。これに対して，金融取引説では，当該一連の取引を担保付借入とみて，有価証券の認識を継続し，新たに短期借入金を認識することになる。有価証券の買戻しは，実質的には，担保の返還と借入金の返済を意味する。

　このような2つの会計処理は，企業のビジネスモデルに従って使い分けが行われるべきとも考えられるが，現行の会計基準では，認識終了のための要件を課すことによって2つの会計処理の使い分けを行っている。さらに，売買取引説による会計処理に際しては，財務構成要素アプローチを採用して，取引を構成する財務構成要素ごとに認識終了の可否（部分譲渡の可否）を判断することとされている。

章末問題

研究問題

- 会計は，経済主体の組織目的にかかわらず，1つであるべきであるとする考え方について論評しなさい。
- 損益計算書において，廃止予定の事業に係る収益および費用は，継続事業に係る収益および費用と区別して表示すべきであるとする意見について，あなたの考えを述べなさい。
- 退職給付費用に含まれる利息費用を営業外費用の区分に表示すべきである

200　　第8章　ビジネスモデル

という意見がある。この意見について論評しなさい。

ケーススタディ

- 不動産賃貸業を営むA社は，賃貸目的の不動産を時価によって管理している。当該不動産を時価評価すべきであるか論じなさい。
- 有価証券の買戻し条件付き売却取引について，売買取引または金融取引のいずれとして会計処理を行うべきか，論じなさい。

索　引

■ あ　行

後入先出法　116

意思決定支援機能　3
意思決定有用性　3
維持すべき資本　51
一行連結　174
一計算書方式　50
一時差異　146
一般に公正妥当と認められる企業会計の
　　慣行　15
一般に公正妥当と認められる企業会計の
　　基準　14
一般に認められた会計原則　14
移動平均法　116

営業外収益　83
営業収益　83

オペレーティング・リース取引　89
親会社　168
親会社説　65, 171

■ か　行

会計基準体系　14
会計主体論　161
会計上の変更　72
会計情報　3
会計的配分　106
会計的発生項目　31
会計方針の変更　72

会社計算規則　15
会社法　15
概念フレームワーク　4
確定給付債務　122
過去勤務費用　122
稼得過程アプローチ　96
株主資本　61, 165
　　―― 等変動計算書　48
貨幣資本　51
為替換算調整勘定　76
関連会社　174

期間差異　146
期間定額基準　122
期間的対応　35
期間費用　34
企業　2
企業会計基準　13
　　―― 第 1 号「自己株式及び準備金の
　　　額の減少等に関する会計基準」　59
　　―― 第 4 号「役員賞与に関する会計
　　　基準」　56
　　―― 第 5 号「貸借対照表の純資産の
　　　部の表示に関する会計基準」　60,
　　　165
　　―― 第 7 号「事業分離等に関する会
　　　計基準」　183
　　―― 第 9 号「棚卸資産の評価に関す
　　　る会計基準」　117
　　―― 第 10 号「金融商品に関する会計
　　　基準」　148

203

―― 第 15 号「工事契約に関する会計基準」　87

―― 第 16 号「持分法に関する会計基準」　175

―― 第 18 号「資産除去債務に関する会計基準」　153

―― 第 21 号「企業結合に関する会計基準」　178

―― 第 22 号「連結財務諸表に関する会計基準」　65, 74, 155, 169

―― 第 24 号「会計上の変更及び誤謬の訂正に関する会計基準」　72

―― 第 29 号「収益認識に関する会計基準」　35, 93

企業会計基準委員会　5, 13

企業会計原則　13, 56

企業会計審議会　13

企業会計制度　2

企業価値　25

企業結合　178

企業主体説　161

企業評価　25

期待キャッシュフロー・アプローチ　151

基本所有アプローチ　164

逆取得　181

キャッシュ・フロー計算書　45

キャッシュフロー　24

―― 見積法　125

キャッチアップ方式　73, 123

級数法　111

強制評価減　129

競争優位性　11

共同支配企業　176

金融商品取引法　14

金利スワップ　92

偶発債務　150

口別法　116

組替調整　50, 78

クリーン・サープラス関係　27

繰越利益剰余金　62

繰延べ　29

繰延割賦売上利益　152

繰延資産　36, 145

繰延収益　156

繰延ヘッジ会計　92, 147

繰延ヘッジ損益　76

繰延法　146

経営成績　21

経済的資源　142

経済的単一体説　65, 171

経済的便益　142

経常利益　70

継続企業　69

継続記録法　115

契約基準　157

契約支援機能　8

決算短信　74

原因発生主義　37

原価回収基準　98

原価計算　34

原価主義　104

現金主義　85

現金主義会計　22

現在出口価格アプローチ　95

現在の価値　105

検収基準　86

減損　126

工事契約　87

工事進行基準　87

工事損失引当金　89

公正価値　105, 119

―― オプション　135

―― 会計　131
公正価値プーリング法　180
公正な手続　13
子会社　168
　非連結 ――　174
国庫補助金　155
誤謬の訂正　72
個別的対応　34
個別法　116

■ さ　行 ―――――――――――
財政状態　21
財政状態変動表　45
再調達原価　105
財務構成要素アプローチ　157
財務情報　3
財務諸表　2
財務報告　1
財務報告制度　2
先入先出法　116
残余持分説　161
残余利益モデル　28

支給算定式基準　122
事業再構築引当金　154
事業分離　184
資金繰り表　45
資金計算書　45
資金収支表　46
資金提供者　2
自己株式　58, 62
自己資本　75
　―― 当期純利益率　74
資産　142
資産除去債務　115, 121, 153
試算表等式　31
資産負債アプローチ　140
資産負債法　146

実現主義　34, 85, 104
実質資本維持論　52
実質優先主義　144
実体資本維持論　52
指定国際会計基準　16
　―― 特定会社　15
支配　94, 142
支配力基準　168
支払対価主義　113
資本　41
資本維持論　51
資本金　62
資本準備金　62
資本剰余金　62
資本直入　48
資本的支出　114
資本取引　56
資本主説　161
収益　83
収益性　42
収益的支出　114
収益費用アプローチ　141
収支余剰　23
修正会計基準　17
修正国際基準　16
修正再表示　73
受託責任　7
取得　178
取得関連費用　177, 182
純額主義　84
純資産　60, 165
純資産直入　49
　―― 法　62
使用価値　105, 119
使用権　144
証券取引委員会　14
情報提供機能　3
情報の非対称性　2

索　引　　205

正味実現可能価額　105
正味売却価額　129
所有決済アプローチ　164
新株発行費　57
新株予約権　62, 166
真実かつ公正な概観　13
真実性の原則　12
信頼性　6

数理計算上の差異　122
ストック　22, 41

生産高比例法　111
静態論　21
セール・アンド・リースバック取引
　152
セクター中立　192
セグメント情報　194
全部連結　172
全面時価評価法　176

総額主義　84
相互パーチェス法　180
総平均法　116
その他資本剰余金　62
その他の包括利益　49
　──累計額　50, 63, 76, 166
その他有価証券評価差額金　76
その他利益剰余金　62
ソフトウェア　124
損益及び包括利益計算書　50
損益計算書　21
損益取引　56

■ た　行─────────────
貸借対照表　21
退職給付債務　121
退職給付に係る調整累計額　76

棚卸資産　115
段階取得　177, 182

直接的測定　105

定額法　110
定期棚卸法　115
定率法　110
適正な表示　13

当期業績主義　70
当期純利益　70, 167
当座企業　69
投資回収計算　43
当初取引価格アプローチ　96
動態論　21
特別損益　71
特別法上の準備金　154
特別目的会社　169
特別目的事業体　170
特別利益　83
特例処理　92
土地再評価差額金　76
取替原価　105
取引　102
取引記録アプローチ　102
トレーディング　84, 91
トレードオフ問題　10

■ な　行─────────────
二計算書方式　50
任意積立金　62
認識　156
認識終了　157

のれん　128, 145, 182
　買入──　173
　全部──　173

206　索　引

負の―― 154, 182

■ は 行

パーチェス法　178
売価還元法　117
配当　24
配当割引モデル　25
売買目的有価証券　91
剥奪価値　130
発生主義　33, 85
発生主義会計　23
発生費用　34
発送基準　86
販売基準　85

比較可能性　194
引当金　37
引渡基準　86
ビジネスモデル　69, 191
非支配株主持分　63, 165
評価・換算差額等　62, 148, 165
表現の忠実性　6
費用収益対応の原則　34
非連繋観　139

ファイナンス・リース取引　89
複数要素契約　97
負債　149
部分時価評価法　176
フロー　22, 41
プロスペクティブ方式　72, 123
プロフォーマ利益　70

平均法　116
米国会計基準　17
別記事業　195
ベンチャーキャピタル　170
返品調整引当金　86, 151

包括主義　70
包括利益　49, 164
　　――計算書　50
報告主体　2, 162

■ ま 行

マネジメント・アプローチ　195

見越し　29
未実現利益控除法　151
見積りの変更　72

名目資本維持論　52

目的適合性　6, 194
持株基準　168
持分　161
持分の結合　178
持分プーリング法　178
持分変動差額　177
持分法　174

■ や 行

役員賞与　56

有用性　6

用役潜在力　142
予測給付債務　122

■ ら 行

リース取引　89, 198
利益　24, 41
利益準備金　62
利益償却　110
利益剰余金　62
利益留保性引当金　154
利害調整機能　8

索　引　**207**

履行義務　93
リサイクリング　50, 78
離散的認識モデル　106
リストラ引当金　154
利息法　119
離脱規定　13
利得　83
臨時損益　70

累積給付債務　122

レトロスペクティブ方式　72, 123
連繋観　139

連結キャッシュ・フロー計算書等の作成
　基準の設定に関する意見書　47
連結主体論　171
連続的認識モデル　106

■ わ 行 ──────────
割引キャッシュフローモデル　26

■ 英 字 ──────────
EBITDA　71
GAAP　14
NOPAT　71

著者紹介

川村　義則（かわむら　よしのり）

1989 年早稲田大学商学部卒業，1994 年同大学院商学研究科博士後期課程単位取得。
1994 年米国財務会計基準審議会（FASB）ポストグラジュエート・インターン。
1996 年龍谷大学専任講師，2000 年早稲田大学商学部専任講師，准教授を経て，
2008 年より同大学商学学術院（大学院会計研究科）教授。
現在，国際会計教育基準審議会（IAESB）ボードメンバー，公認会計士試験委員，
国際会計研究学会理事，日本会計研究学会評議員など。
他に，金融庁企業会計審議会専門委員，総務省公益法人会計基準検討会委員，財務
会計基準機構基準諮問会議委員などを歴任。

主要著書・論文

『新版 現代会計学（第 2 版）』（共著）中央経済社，2018 年
『グローバル財務報告──その真実と未来への警鐘』（監訳）中央経済社，2009 年
「負債と資本の区分問題の諸相」『金融研究』第 23 巻第 2 号，2004 年
"Cost-Benefit Analysis of Mixed Measurement Model," *The Japanese Accounting Review* **5**, 2015.
他多数

ライブラリ 論点で学ぶ会計学―1
論点で学ぶ財務会計

2019 年 6 月 25 日 ©　　　　　　　初 版 発 行

著　者　川 村 義 則　　　　発行者　森 平 敏 孝
　　　　　　　　　　　　　　印刷者　小 宮 山 恒 敏

【発行】　　　　株式会社　新世社
〒151-0051　東京都渋谷区千駄ヶ谷1丁目3番25号
編集☎(03)5474-8818(代)　　　サイエンスビル

【発売】　　　　株式会社　サイエンス社
〒151-0051　東京都渋谷区千駄ヶ谷1丁目3番25号
営業☎(03)5474-8500(代)　　振替　00170-7-2387
FAX☎(03)5474-8900

印刷・製本　小宮山印刷工業（株）
《検印省略》

本書の内容を無断で複写複製することは，著作者および
出版者の権利を侵害することがありますので，その場合
にはあらかじめ小社あて許諾をお求め下さい。

ISBN978-4-88384-293-3
PRINTED IN JAPAN

サイエンス社・新世社のホームページのご案内
http://www.saiensu.co.jp
ご意見・ご要望は
shin@saiensu.co.jp まで.

ライブラリ 論点で学ぶ会計学 2

論点で学ぶ
国際財務報告基準
（IFRS）

山田 辰己・あずさ監査法人 著
A5判／480頁／本体3,400円（税抜き）

本書は，国際財務報告基準（IFRS）を初めて学ぶ人の
みならず，IFRSに関する実務経験を持つ実務家を対象
として，本領域の第一人者と第一線にいる専門家が，
設定や改訂の経緯を踏まえIFRSの原理原則を解説した
テキストである。IFRSの規定内容の詳細な説明に加え
て，各規定の狙いは何か，どのような問題を取り上げ
それをどのように解決しようとしているのかといった
基準の根底にある考え方を描き出そうとしている。章
末には理解度チェック欄を設けて，学んだ内容を自ら
確認できるように配慮している。

【主要目次】
IFRSとは／概念フレームワーク（前編）／概念フレームワー
ク（後編）と公正価値測定／IFRSにおける財務諸表の全
体像／収益認識／棚卸資産と生物資産／固定資産／リース
／負債の会計／従業員給付と株式に基づく報酬／法人所得
税／金融商品／外貨換算とヘッジ会計／他の企業への投資
と連結財務諸表／企業結合

発行 新世社　　発売 サイエンス社

ライブラリ 論点で学ぶ会計学 4

論点で学ぶ
原 価 計 算

清水 孝 著
A5判／232頁／本体2,300円（税抜き）

原価計算の規範理論である『原価計算基準』の公表から50年以上が経ち，今日の企業の生産環境は大きく変化した。その結果，理論と実務に様々な乖離が生じており，多くの企業が原価計算に対する問題に直面している。本書はこうした実態を踏まえ10の論点をピックアップし，問題の所在と背景，関連する理論を解説したうえで実務の調査・分析を紹介して，論点を説き明かしていく。一通り原価計算の学習を終えた学生や，自社の原価計算システムの更新や改定に携わる方々に最適の書。

【主要目次】
生産環境の変化と原価計算／材料費の計算／労務費の計算／製造間接費の部門別計算(1)／製造間接費の部門別計算(2)／製造間接費の予算／総合原価計算の理論と実務(1)／総合原価計算の理論と実務(2)／組別総合原価計算・等級別総合原価計算・連産品の原価計算／標準原価計算／工程別総合原価計算とERPの原価計算

発行 新世社　　発売 サイエンス社